만다라
코바늘뜨기

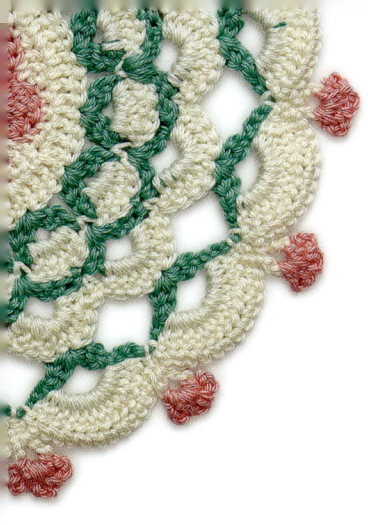

30가지 예쁜 패턴이 들어있는

만다라 코바늘뜨기

하프너 린센 지음

북핀

30가지 예쁜 패턴이 들어있는

만다라 코바늘뜨기

1판 4쇄 펴냄 2022년 4월 30일

지은이　하프너 린센
펴낸이　정현순

펴낸곳　㈜북핀
등록　제2021-000086호(2021. 11. 9)
주소　경기도 부천시 조마루로385번길 92
전화　032-240-6110 / 팩스　02-6969-9737

ISBN 979-11-87616-15-3 13630

값　17,000원

MANDALAS TO CROCHET: 30 GREAT PATTERNS
Copyright © 2016 Quarto Inc. All rights reserved

Korean translation copyright © 2017 by Book blossom
Korean translation rights arranged with Quarto
Publishing Plc. through EYA(Eric Yang Agency).

Printed in China

이 책의 한국어판 저작권은 EYA(Eric Yang Agency)를 통한
Quarto Publishing Plc. 사와의 독점계약으로
㈜북핀이 소유합니다.
저작권법에 의하여 한국 내에서 보호를 받는 저작물이므로
무단전재 및 복제를 금합니다.

CONTENTS

책의 구성	6
만다라 코바늘뜨기 세계에 오신 것을 환영합니다!	8
시작하기 전에	10
실	12
색상 조합	14
먼저 읽어주세요!	16
완벽한 만다라 뜨기를 위해	18
코바늘뜨기 기초	20
만다라 갤러리	26
만다라 패턴 30	36

BASIC MANDALA

왕관 모양 만다라	38
물결치는 만다라	40
빙글빙글 만다라	42
할머니의 모티프	44
잔잔하게 퍼지는 물결	46
피자 모양 만다라	48

CLASSIC MANDALA

레트로 만다라	50
라자스탄 만다라	52
아이스크림 만다라	54
별이 빛나는 만다라	56
사랑스러운 레이스 만다라	58
예쁜 패턴 총집합!	60
바스켓 위브 만다라	64
조개 모양 만다라	66
팝콘이 팡팡	68

FLOWER MANDALA

앙증맞은 데이지	70
튤립 만다라	72
아프리칸 플라워 만다라	74
오리엔탈 릴리 만다라	76
꽃잎 레이스 만다라	78
딸기 꽃 만다라	80
꽃으로 마음을 전하세요!	82
꽃밭에서	84

SPECIAL MANDALA

더블 루프 만다라	86
다이내믹 레이스 만다라	88
미니 모티프로 만드는 만다라	90
팝콘 뜨기의 진수	92
태피스트리 크로셰 만다라	94
작지만 아름다운 만다라	98
기분 좋은 도일리 만다라	100

다양한 테두리 뜨기	102
소품 만들기	106
보헤미안 가방	108
핫 패드	110
테이블 매트	112
여름용 스카프	114
랩 블랭킷 숄	116
러그	118
여름용 이불	120
도안에 사용된 기호와 응용 뜨개법	124
찾아보기	126

책의 구성

이 책은 크게 3개의 파트로 나눌 수 있습니다. 먼저 첫 번째 파트에서는 만다라 코바늘뜨기를 시작하기 전에 알아야 만다라 뜨기의 기본과 코바늘뜨기 기초 뜨개법을 소개하고, 두 번째 파트에서는 다양한 기법과 모양으로 뜬 만다라 패턴 30개를 소개합니다. 마지막 파트에서는 앞서 떠 보았던 만다라 패턴을 이용해 조금 더 수준 높은 완성품 7개를 만드는 방법을 소개합니다.

시작하기 전에(10~25쪽)

매력적인 만다라 세계에 입문하기 전에 반드시 확인해야 할 만다라 뜨기와 관련된 기초 지식을 알려줍니다. 기초적인 코바늘뜨기 뜨개법은 물론 완벽한 만다라 뜨기에 관련된 팁도 제시하고 있으니 코바늘뜨기 유경험자라도 꼭 확인하고 시작하기 바랍니다.

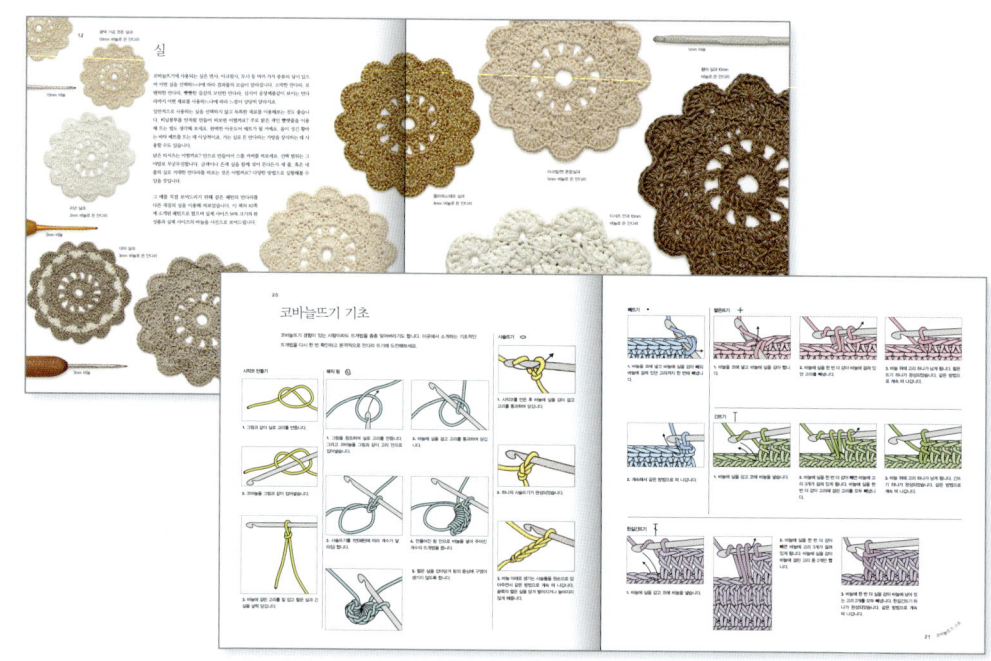

만다라 갤러리(26~35쪽)

본문에 소개된 만다라 패턴을 한 눈에 볼 수 있도록 모아놓았습니다. 어떤 만다라를 떠야 할지 모르겠다면 이곳을 통해 자신에게 맞는 패턴을 골라보세요. 적절한 배색과 형태에 관한 아이디어를 얻는 데에도 도움이 될 것입니다.

만다라 패턴 30(36~105쪽)

한 눈에 볼 수 있는 도안과 해상도 높은 사진으로 만다라 패턴을 보여주는 이 책의 가장 핵심적인 부분입니다. 이 책에서는 만다라 패턴을 기본 만다라(Basic), 클래식 만다라(Classic), 꽃 만다라(Flower), 특별한 만다라(Special)의 네 가지 종류로 나누어 소개하며, 102~105쪽에서는 만다라의 마지막 단(테두리)을 꾸미는 독특하면서 아름다운 방법을 소개합니다.

먼저 읽어주세요!
16~17쪽을 반드시 읽어주세요. 각 단을 어떻게 시작하고 끝내는지, 어떤 방법을 사용하면 좀 더 자연스럽고 완성도 높은 결과물을 얻을 수 있는지에 관한 팁이 있습니다. 어떤 방법을 선택하느냐에 따라 결과물의 차이는 큽니다.

이 책에서 구분해 놓은 만다라의 종류 중 어디에 속하는지 보여줍니다.

바늘 사이즈와 완성된 만다라의 대략적인 크기를 제시해 놓았습니다.

본격적으로 뜨기 전에 꼭 알아야 하는 내용을 보여줍니다.

완성된 만다라의 모습을 고화질의 사진으로 보여줍니다.

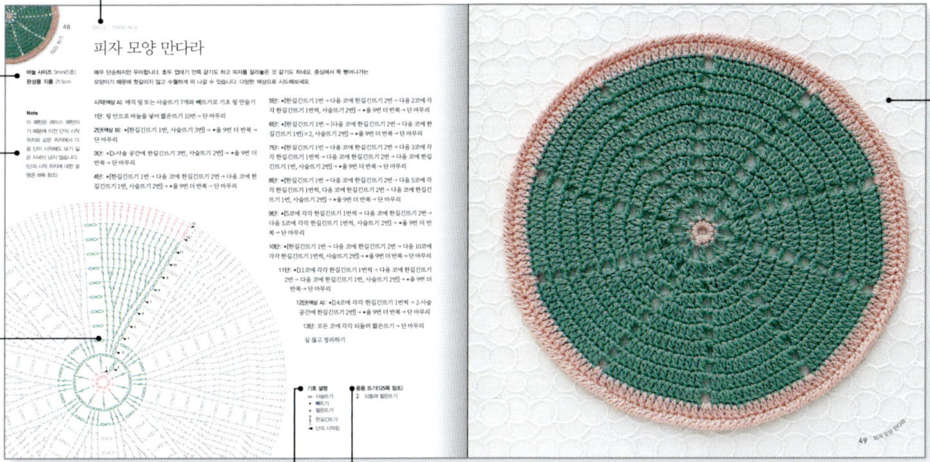

한 눈에 패턴을 파악할 수 있도록 차트형 도안을 제공합니다. 정확한 뜨개법과 위치를 확인할 수 있어 단이 늘어날 때 헷갈리지 않고 떠 나갈 수 있습니다.

도안에 사용된 기호의 의미를 알려줍니다. 기초적인 뜨개법에 대한 설명은 20~25쪽을 참조합니다.

기초적인 뜨개법에서 약간 변형되거나 다른 방법의 뜨개법이 사용된 경우 그 기호와 이름을 알려줍니다. 이에 관한 구체적인 뜨는 법은 125쪽을 참조합니다.

이 소품을 만드는 데 사용된 만다라 패턴을 섬네일 이미지로 보여줍니다.

만다라 패턴을 이용한 소품 7개(106~123쪽)

만다라 그 자체로도 아름답지만 그것으로 실용적인 무언가를 만들 수 있다면 금상첨화일 것입니다. 이곳에서는 만다라를 이용한 소품 만들기에 관한 몇 가지 아이디어를 제공합니다.

만다라 코바늘뜨기 세계에 오신 것을 환영합니다!

수공예가이자 디자이너, 블로거이자 코바늘뜨기에 푹 빠져있는 하프너Haafner입니다. 네덜란드에서 태어났지만 전 세계를 여행하는 것을 좋아하지요. 나는 거의 모든 것들에서 영감을 받습니다. 꽃, 자연, 책, 예술품, 길거리 구석, 빈티지한 옷감, 타일, 패브릭 등 모든 것이 새로운 디자인을 위한 아이디어가 됩니다. 그리고 이 아이디어들을 만다라를 통해 구현해 보았습니다.

나에게는 코바늘뜨기와 같은 수공예가 사람들을 전 세계적으로 연결한다는 사실이 매우 고무적인 일입니다. 우리는 패턴과 영감, 아이디어를 공유하고 즐기는 것을 좋아합니다.

나는 미술과 문학을 전공했습니다. 그리고 그것은 나의 미적 감각을 끌어올렸습니다. 몇 년 전에 나는 코바늘을 손에 쥐게 되었고 그 이후로 결코 놓지 않았습니다. 코바늘뜨기는 꽤 응용성이 높은 수공예입니다. 몇 개의 단순한 뜨개법만으로 놀라운 결과물을 만들 수 있습니다. 코바늘뜨기는 또한 매우 섬세하고 입체감 있는 질감을 선사합니다.

나는 개인적으로 모든 종류의 스티치법과 테크닉을 연구하기를 좋아합니다. 그래서 이 책에도 다양한 방법의 뜨개법을 적용해 보았습니다.

나의 코바늘뜨기에 대한 사랑은 예쁜 실에 대한 사랑과도 연관되어 있습니다. 이 책을 보다 보면 여러분도 느낄 수 있을 거예요.

내가 바라는 것은 이 책이 초보자뿐 아니라 숙련자에게도 매력적인 책이 되었으면 하는 것입니다. 이 만다라 패턴들을 디자인하면서 느꼈던 즐거움을 여러분도 느끼기를 진정으로 바랍니다.

행복한 코바늘뜨기가 되기를 바라며!

P.S. 제 블로그 byHaafner를 방문해 주세요. 만다라와 관련된 다양한 내용을 공유할 수 있습니다.

만다라란?

'만다라'는 산스크리트어로 원(圓, Circle)을 의미합니다. 이 용어는 오늘날 수공예 분야에서 특정한 원형(방사형) 모티프를 일컫는 말로 사용됩니다.

힌두교와 불교에서 만다라는 부처나 우주를 표현하는 하나의 '의식'이었습니다. 만다라의 각 부분은 상징적인 의미를 가지고 있는데, 예를 들어 바깥쪽 원은 불교에 있어 지혜를 상징합니다. 만다라는 명상의 수단이 되기도 합니다. 수도사들은 수 주 동안 만다라 작업을 하고 마지막에는 그것을 덧없음의 상징으로 없애버린다고 합니다.

오늘날 만다라는 전 세계적으로 인기를 끌고 있습니다. 단지 장식적인 목적으로 이용되기도 하지만, 코바늘뜨기로 만다라를 뜨는 것은 마음을 안정시키고 명상에 도움이 되는 활동이기도 합니다.

코바늘뜨기에 있어 만다라는 주로 원형 모티프를 지칭하는 용어로 광범위하게 쓰이며, 때로는 도일리나 레이스 뜨기와 크게 구분 짓지 않고 사용하기도 합니다.

01
시작하기 전에

본격적인 만다라 뜨기를 하기 전에 꼭 살펴보세요. 만다라 뜨기에 대한 기본적인 설명은 물론 어떻게 하면 완벽한 만다라를 뜰 수 있는지에 대한 유용한 팁이 담겨 있습니다. 코바늘뜨기의 기초가 되는 여러 뜨개법도 함께 다루어 뜨개법을 먼저 확인하고 본격적인 뜨기를 할 수 있도록 했습니다.

광택 가공 코튼 실과
1.6mm 바늘로 뜬 만다라

1.6mm 바늘

실

코바늘뜨기에 사용되는 실은 면사, 아크릴사, 모사 등 여러 가지 종류의 실이 있으며 어떤 실을 선택하느냐에 따라 결과물의 모습이 달라집니다. 소박한 만다라, 로맨틱한 만다라, 빳빳한 질감의 모던한 만다라, 심지어 공장제품같이 보이는 만다라까지 어떤 재료를 사용하느냐에 따라 느낌이 상당히 달라지죠.

일반적으로 사용하는 실을 선택하지 않고 독특한 재료를 이용해보는 것도 좋습니다. 비닐봉투를 얀처럼 만들어 떠보면 어떨까요? 주로 밝은 색인 빨랫줄을 이용해 뜨는 법도 생각해 보세요. 완벽한 아웃도어 매트가 될 거예요. 올이 성긴 황마는 바닥 매트를 뜨는 데 이상적이죠. 가는 실로 뜬 만다라는 가방을 장식하는 데 사용할 수도 있습니다.

낡은 티셔츠는 어떨까요? 얀으로 만들어서 스툴 커버를 떠보세요. 선택 범위는 그야말로 무궁무진합니다. 금색이나 은색 실을 함께 섞어 뜬다든지 세 줄, 혹은 네 줄의 실로 거대한 만다라를 떠보는 것은 어떨까요? 다양한 방법으로 실험해볼 수 있을 것입니다.

그 예를 직접 보여드리기 위해 같은 패턴의 만다라를 다른 재질의 실을 이용해 떠보았습니다. 이 책의 82쪽에 소개된 패턴으로 떴으며 실제 사이즈 50% 크기의 완성품과 실제 사이즈의 바늘을 사진으로 보여드립니다.

리넨 실과
2mm 바늘로 뜬 만다라

2mm 바늘

대마 실과
3mm 바늘로 뜬 만다라

3mm 바늘

대나무 실과
4mm 바늘로 뜬
만다라

리넨/코튼 혼합실과
4mm 바늘로 뜬 만다라

4mm 바늘

색상 조합

누구나 좋아하는 색이 있을 것입니다. 다음번에는 다른 색으로 떠야지 결심하다가도 늘 비슷한 색으로 뜨고 있는 자신을 발견하곤 하죠. 반면에 특별히 선호하는 색상이 없거나 어떤 색상 조합이 좋은지 고민하는 사람들도 있을 것입니다. 때로는 그것이 상기시키는 추억 때문에 그 색을 좋아할 수도 있고, 시간이 지남에 따라 취향이 바뀌기도 할 것입니다. 여기서는 색상을 선택하는 다양한 방법에 대해 알아보겠습니다.

실험적인 색상 조합

만다라 뜨기는 자신이 어떤 색상을 선호하는지 깨닫거나 새로운 색상 배색 방법을 발견할 수 있는 좋은 방법입니다.

우리는 여기서 모노 톤, 파스텔 톤, 밝은색, 연한 색, 그라데이션 효과가 입혀진 색 등을 포함하는 약간은 다른 색상 설계 방식을 들여다보게 될 것입니다. 자신이 선호하지 않는 색상이라도, 뜨고 나면 의외로 완성도 높은 결과물이 되기도 한다는 점을 명심하세요.

직접 보여드리기 위해 같은 패턴을 다른 색상 조합으로 떠보았습니다. 82쪽 패턴을 떴으며 색상 비교를 쉽게 하기 위해 광택 코튼 실과 3mm 코바늘을 사용하였습니다.

색상 조합의 예

색상 조합이라는 것은 단지 어떤 색을 선택하느냐 하는 단순한 문제가 아닙니다. 이곳에 소개된 만다라 각각을 전부 다른 색으로 뜨지는 않았다는 점을 눈여겨보아 주세요. 어떤 색을 다른 색으로 바꿀 때는 그와 조합되는 색도 함께 바꾸었다는 것입니다. 색상 조합을 바꾸면 결과물의 모습이 완전히 달라집니다.

예를 들어 핑크, 화이트, 브라운 컬러를 사용한 만다라 A와 블랙과 화이트만 사용한 만다라 B를 비교해보세요.

만다라 A의 3단과 4단은 같은 색상이지만 5단과 6단은 두 가지의 서로 다른 색상으로 떴습니다. 6단은 마지막 단으로, 만다라를 마무리 짓는 동시에 액자 같은 효과를 주도록 배색하였죠.

만다라 B는 3단과 4단, 그리고 5단과 6단을 각각 같은 색으로 떴습니다. 이렇게 뜨니 3단과 4단이 그대로 5단과 6단에서 반복되는 느낌이 듭니다. 4개의 원 대신 2개의 큰 원으로 보이죠.

밝은 파스텔 톤을 사용한 만다라 C는 매 단마다 완전히 다른 색을 썼습니다. 그래서 색상 면에서 얼핏 보기에 통일성이 부족해 보이지만 결과적으로 발랄한 느낌을 주면서 레트로적인 효과를 연출합니다.

다양한 방법으로 색상을 조합하여 뜬 만다라들을 자세히 살펴보고 색상을 어떻게 배치하느냐가 결과물에 큰 차이를 만들어낸다는 점을 확인해 보세요.

A. 브라운과 핑크의 조합은 사랑스러우며 빈티지하고, 클래식합니다.

B. 블랙과 화이트가 함께할 때면 언제나 명시성이 높아지고 고급스런 인상을 줍니다.

E. 푸른 계열의 실로 조합해 떴지만 새파란 느낌은 들지 않아요. 푸른색 계열의 색상들은 대부분 완벽하게 서로와 어울립니다.

F. 연한 파스텔 색상으로 떴더니 화사한 파스텔 색상을 쓴 C와 대조되면서 우아한 느낌을 주네요.

C. 밝은 파스텔 색상들은 발랄한 느낌을 줍니다.

D. 흰색 실은 대부분 스타일리시한 효과를 주죠. 이 만다라에는 실버 컬러로 살짝 포인트를 주었습니다.

G. 빨강과 핑크 조합은 늘 강렬한 인상을 줍니다.

H. 그라데이션 효과가 있는 실은 시선을 끌고, 모노 톤의 색상과 잘 어울립니다.

15 색상 조합

먼저 읽어 주세요!

이 책에서는 단 수가 늘어나도 헛갈리지 않고 패턴대로 떠 나갈 수 있도록, 혼돈을 줄 수 있는 중복되는 내용은 생략하고, 간단하고 명료하게 도안과 글로 뜨는 법을 설명하였습니다. 여기서 소개하는 유용한 정보와 팁들은 이 책에서 소개하는 만다라 패턴에 대한 이해를 돕는 내용이므로 본격적으로 만다라를 뜨기 전에 반드시 확인할 것을 권합니다.

어떻게 시작할 것인가

이 책에서는 시작하는 법과 관련하여 항상 두 가지 옵션을 제시합니다. 실 끝으로 고리를 만들어 바로 기초 링을 만드는 방법(매직 링)과 사슬뜨기를 뜬 다음 빼뜨기로 고리를 만들어 기초 링을 뜨는 방법이 그것인데, 두 가지 중 더 나은 방법이 따로 있지는 않으므로 두 가지 중 선호하는 방법을 선택하면 됩니다.

도안에는 사슬뜨기를 이용한 기초 링 만들기가 기본으로 그려져 있지만, 매직 링 방법을 사용해도 전혀 문제되지 않습니다. 사슬뜨기를 이용해 고리를 만들 경우 필요한 사슬뜨기 개수를 함께 제시합니다.

 사슬뜨기로 기초 링 만들기: 주어진 사슬 개수만큼 사슬뜨기를 하고 빼뜨기로 닫아서 링을 만듭니다.

 매직 링: 실 끝으로 고리를 만들어 링을 만듭니다. (뜨는 법은 20쪽 참조)

단의 시작은 어떻게 할 것인가

시작하기와 관련해 두 가지 옵션이 있었던 것처럼 새로운 단을 시작할 때도 두 가지 옵션이 있습니다. 추천하는 방법은 '스탠딩 스티치'라고 불리는 방법입니다. 단의 시작점을 따라 솔기 모양의 자국이 남는 것을 방지해주기 때문입니다. 이를 위한 특별한 기호와 약자는 없지만 굉장한 테크닉임에는 틀림이 없습니다.

단, 스탠딩 스티치를 표현하는 기호가 따로 없기 때문에 이 책에 그려진 도안에서는 사슬뜨기로 기둥을 세우는 형태로 각 단의 시작점을 표현하였으니 참고하세요. (스탠딩 스티치 뜨는법은 23쪽 참조)

단을 시작하는 방법을 스탠딩 스티치로 선택하느냐 사슬뜨기로 기둥을 세우는 방법(짧은뜨기는 사슬뜨기 1번, 한길긴뜨기는 사슬뜨기 2번, 두길긴뜨기는 사슬뜨기 3번)을 선택하느냐는 본인 의사에 달려 있습니다. 다만, 한길긴뜨기 기둥으로 사슬뜨기 3개를 뜨는 방법보다 사슬뜨기 2개를 뜨는 방법을 추천합니다. 사슬뜨기 2개를 뜨는 것이 3개를 뜨는 것보다 자국이 뚜렷하지 않고 자연스럽게 섞여 들어가기 때문입니다.

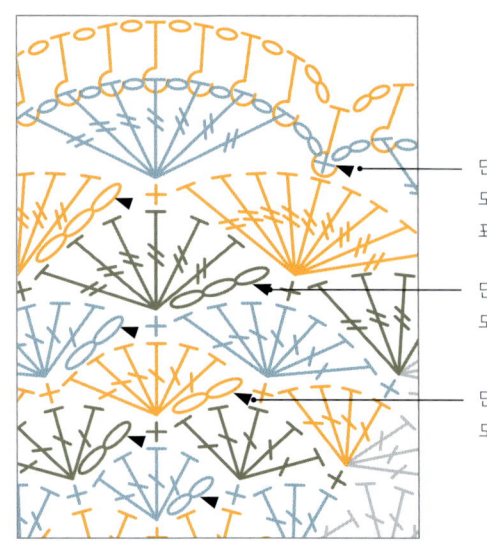

단의 처음 스티치가 짧은뜨기일 때 도안에서는 일반적인 짧은뜨기 기호로 표시합니다.

단의 처음 스티치가 두길긴뜨기일 때 도안에서는 사슬 기둥 3코로 표시합니다.

단의 처음 스티치가 한길긴뜨기일 때 도안에서는 사슬 기둥 2코로 표시합니다.

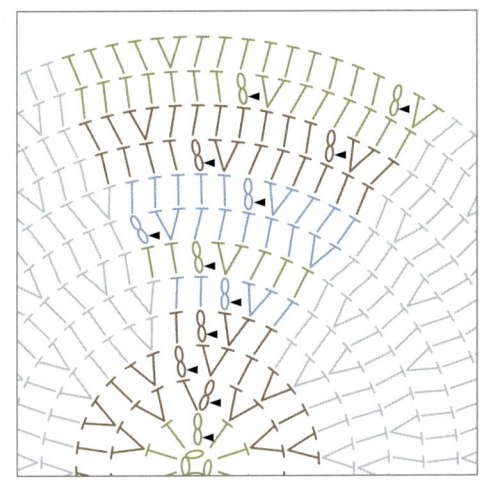

단을 어디서 시작할 것인가

단의 시작 방법을 정했다면 어디서 시작할 것인지도 정해야 합니다. 이 책에서는 거의 항상 이전 단이 시작된 곳과 같은 선 상에서 시작되지 않도록 하고 있습니다.

이전 단의 시작 위치에서 똑같이 시작하고 싶다면 원하는 대로 해도 되지만 이의 단점에 대해서 18~19쪽에 자세히 나와 있으니 참고하세요.

도안에서는 각 단의 시작 위치를 삼각형 형태의 화살표로 표시하고 있습니다. 그리고 매 단마다 시작되는 위치가 같지 않도록 하여 삼각형 모양이 지그재그 형태로 나타납니다.

단을 어떻게 마무리할 것인가

단을 마무리하는 가장 일반적인 방법은 처음 코에 빼뜨기를 하는 것입니다. 그러나 또 다른 옵션이 있습니다. 바로 돗바늘을 이용하는 것입니다. 빼뜨기를 하면 단을 마무리한 지점이 살짝 튀어 올라와 매끄럽지 않습니다.

24~25쪽에서 두 방법을 자세히 설명하고 있으니 두 가지 방법 모두 시도해 보세요. 그리고 더 적합한 방법을 선택하면 됩니다. 18~19쪽의 '완벽한 만다라 뜨기를 위해'의 내용도 함께 보시기를 권합니다.

도안

이 책에 있는 도안들은 일부는 컬러, 나머지는 회색 선으로 그려져 있는데, 컬러로 표현된 부분은 반복되는 패턴을 블록화하여 보여주는 것입니다.

만다라를 뜨다 보면 어디까지 떴는지 헷갈리는 경우가 많습니다. 특히 뜨고 있는 만다라의 사이즈가 크면 문제는 더 복잡해집니다.

도안의 컬러 블록은 반복되는 패턴 단위를 표시해줌으로써, 처음부터 코를 세지 않고 반복되는 패턴의 어디쯤을 뜨고 있는지 쉽게 파악할 수 있어서 매우 편리합니다.

컬러로 표시한 부분은 반복되는 패턴 단위 블록입니다.

도안의 전체적인 모습을 파악할 수 있도록 나머지는 회색 선으로 표현하였습니다.

반복 주기가 짧은 초기 단들은 해당 단 전체를 컬러로 표시하였습니다.

완벽한 만다라 뜨기를 위해

만다라를 뜨는 데는 적지 않은 노력과 시간이 듭니다. 그러므로 디테일한 곳까지 신경을 쓰지 않으면 시간을 낭비하게 됩니다. 그저 '괜찮은' 작품이 될 것이냐, 하나의 예술 작품이 될 것이냐는 그 디테일이 좌우합니다. 스스로 만족할 수 있고 보람을 느낄 수 있는 완벽한 만다라를 뜨는 데 도움이 되는 팁들을 소개합니다.

앞에서 우리는 단을 어디서 시작하고 어떻게 시작할지에 대한 옵션에 대해 살펴보았습니다. 여기서는 이러한 옵션과 관련한 팁이 될 구체적인 예시를 보여드리고, 만다라의 전체적인 모양을 제대로 잡아주는 방법에 대해 알려드리겠습니다. 완벽한 만다라를 뜨는 데 매우 중요한 팁이 될 것입니다.

단 시작점 자국 남기지 않기

어디에서 어떻게 단을 시작할지는 매우 중요합니다. 완벽한 모습의 만다라를 뜨기 위해 이전 단의 시작 위치와 같은 위치에서 시작하지 말고 매번 다른 곳에서 시작하세요. 그렇게 하면 연결하여 마무리 지은 곳의 위치가 다른 위치로 분산되어 섞여 들어가기 때문에 해당 지점에 줄 같은 자국이 남지 않게 됩니다. 이 방법은 또한 짜임새 있는 편물을 만드는 데도 도움을 줍니다. 특히 42쪽 같은 패턴의 만다라를 뜰 때 그 위력을 발휘합니다. 반면 78쪽 만다라 같은 레이스 패턴에서는 이것이 덜 중요합니다. 연결 지점이 훨씬 눈에 덜 띄기 때문입니다.

매 단마다 다른 위치에서 단을 시작하면 만다라가 각지지 않고 원형을 유지하는 데도 도움을 줍니다. 또한, 매 단의 시작 지점에서 사슬 기둥 대신 스탠딩 스티치를 이용하면 이음 자국 없는 매끄러운 결과물을 만날 수 있습니다.

단 마무리 지점 자국 남기지 않기

앞에서 단을 마무리하는 두 가지 방법에 대해 다루었습니다. 이 역시 각자의 의사에 따라 선택할 일입니다. 빼뜨기로 연결하여 마무리하는 것이 더 일반적이죠. 하지만 그런 선택을 했을 때 결과물이 어떨지 생각해 봅시다.

몇몇 패턴에서는 빼뜨기로 마무리하는 것이 문제 되지 않습니다. 단을 어디서 시작하느냐처럼 말이죠. 58, 76, 78쪽과 같은 레이스 패턴에서는 그다지 티가 나지 않을 것입니다. 하지만 다른 패턴에서는 빼뜨기한 부분이 확실하게 보일 것입니다. 훨씬 매력적이지 못하죠. 돗바늘을 이용해 이음 자국 없는 연결을 한다면 더 매끈하고 예쁜 결과물을 얻을 수 있을 것입니다. (돗바늘로 마무리하는 방법은 25쪽 참조)

아래 사진을 보면 오른쪽 만다라는 단을 시작할 때 사슬뜨기 3개로 기둥코를 세웠고 매 단마다 같은 위치(선)에서 시작하였으며, 빼뜨기로 첫 코를 연결하여 단을 마무리하였습니다. 왼쪽에 있는 만다라는 매 단마다 다른 위치에서 시작하였으며, 스탠딩 스티치를 사용하였고, 단을 마무리할 때는 돗바늘을 사용했습니다. 그 차이점을 직접 확인해보세요.

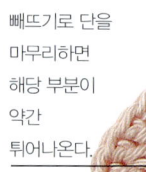

빼뜨기로 단을 마무리하면 해당 부분이 약간 튀어나온다.

한길긴뜨기 기둥코를 사슬 3개로 세우면 공간이 떠서 보기 싫으므로 사슬 2개로 기둥을 세우는 것이 좋다. 물론 그것보다는 스탠딩 스티치가 더 좋다.

같은 위치에서 코를 늘리면 줄같은 자국이 보인다.

같은 위치에서 코를 늘리면 끝 부분이 각이 지게 된다.

매 단마다 콧수 늘리기

원형 뜨기의 기본은 단이 늘어날 때마다 콧수를 늘려나가는 것입니다. 원형 편물이 오그라들거나 울지 않고 평평하게 되려면 일정한 수의 배수로 콧수가 늘어나야 합니다. 1단이 6개의 짧은뜨기로 만들어졌다면 매 단마다 6, 12, 18, 24처럼 6의 배수로 콧수를 늘려야 합니다. 5단에서는 30코가 되겠죠.

이것은 한길긴뜨기로 뜬 1단이 12코라면 이어지는 단들의 콧수가 12의 배수로 늘어나야 한다는 것을 의미합니다. 따라서 처음 5개 단의 콧수는 12, 24, 36, 48, 그리고 60코가 될 것입니다. 같은 원리로 1단을 한길긴뜨기 16코로 떴다면 단 수가 늘어날 때마다 32, 48, 64, 80코 순서로 콧수가 늘어날 것입니다.

또한, 기초 링에서 뜨는 콧수가 많으면 매직 링 방법으로 만드는 링의 크기가 크거나 사슬뜨기 개수가 많아야 한다는 점도 잊지 마세요.

평평한 편물 유지하기

코바늘뜨기를 해 본 경험이 있다면 아마 의도치 않게 편물이 울거나(테두리 쪽이 주름 지는 현상), 오그라드는 일(컵 모양으로 오므라들고 끝 쪽이 들리는 현상)을 경험해 보았을 것입니다.

편물이 울기 시작하면 그것은 바깥쪽 단이 너무 느슨하다는 뜻이므로 다음 방법들을 시도해보세요.
- 시작할 때 기초 링을 조금 더 크게 만들어 시작해보세요.
- 코바늘을 조금 더 가는 것으로 바꿔보세요.
- 패턴에 따라 몇몇 스티치는 생략하면서 뜨세요. 사슬뜨기를 생략하는 것이 가장 좋은 방법입니다.
- 패턴에 건너뛰는 코가 있다면 더 많은 코를 건너뛰면서 떠보세요.

편물이 오그라들기 시작한다면 테두리 쪽 단이 너무 타이트하다는 뜻이므로 다음과 같은 방법을 시도해보세요.
- 시작할 때 기초 링을 조금 더 작게 만들어 시작해보세요.
- 코바늘을 조금 더 굵은 것으로 바꿔보세요.
- 도안에는 없어도 사슬뜨기 등을 추가해 뜨세요.
- 패턴에 건너뛰는 코가 있다면 좀 더 적은 수의 코를 건너뛰면서 떠보세요.

우는 현상

오그라드는 현상

모양 잡기

만다라 뜨기에 있어 완성 후 그 모양을 잡아주는 것은 필수적이라 할 수 있습니다. 그 방법도 여러 가지입니다. 원형은 그 모양을 잡기가 다소 까다로운 면이 있습니다. 제대로 모양이 잡히지 않으면 각이 지기도 합니다.

효과적이고 간단하게 모양 잡는 법은 담요나 수건처럼 깨끗하고 부드러운 것 위에 편물을 놓고 손으로 가볍게 잡아당기는 것입니다. 그리고 깨끗하고 수분이 있는 수건을 덮어줍니다. 잠시 후에 편물을 확인해보고 필요하다면 모양을 좀 더 잡아

줍니다. 그리고 다시 수건을 얹습니다. 2시간에서 하루 동안 그대로 두었다가 수건을 걷어내고 실온에서 편물이 자연스럽게 마르도록 둡니다.

만약 테두리 끝부분이 각진 형태의 패턴이라면 각이 져야 할 모서리 부분을 핀으로 고정하여 바르게 모양을 잡아줍니다. 그리고 물을 살짝 뿌려주고 마르도록 둡니다.

빠른 시간 안에 모양 잡기를 하고 싶으면 다리미를 사용해도 됩니다. 하지만 아크릴 실로 뜬 편물에는 절대 사용하지 마세요.

가볍게 편물을 잡아당겨 모양을 잡아주고 스팀 기능을 이용해 다림질하여 모양을 잡으면 됩니다. 그리고 실온에 마르도록 둡니다. 이때 다리미는 편물에서 1cm 정도 띄워 들고 천천히 전체 편물을 가로지르는 방향으로 다리미를 움직여 줍니다. 절대로 직접 편물 위에 다리미를 올려 누르지 마세요.

코바늘뜨기 기초

코바늘뜨기 경험이 있는 사람이라도 뜨개법을 종종 잊어버리기도 합니다. 이곳에서 소개하는 기초적인 뜨개법을 다시 한 번 확인하고 본격적으로 만다라 뜨기에 도전해보세요.

시작코 만들기

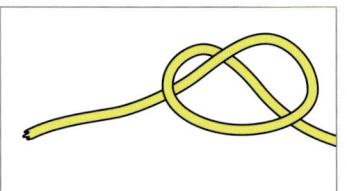

1. 그림과 같이 실로 고리를 만듭니다.

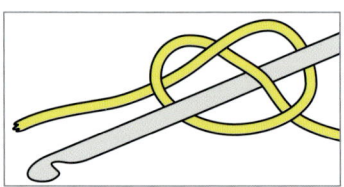

2. 코바늘을 그림과 같이 집어넣습니다.

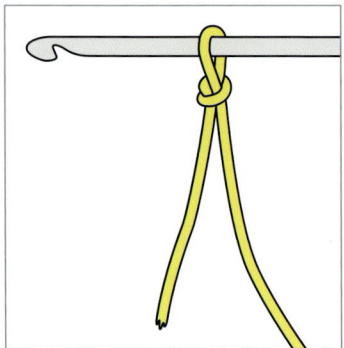

3. 바늘에 걸린 고리를 잘 잡고 짧은 실과 긴 실을 살짝 당깁니다.

매직 링

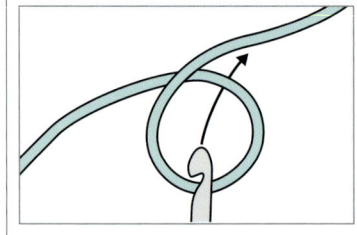

1. 그림을 참조하여 실로 고리를 만듭니다. 그리고 코바늘을 그림과 같이 고리 안으로 집어넣습니다.

2. 바늘에 실을 걸고 고리를 통과하여 당깁니다.

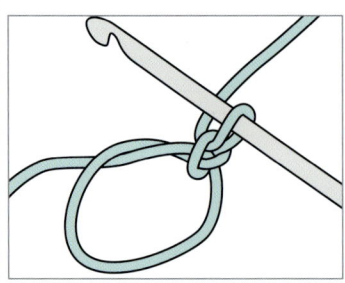

3. 사슬뜨기를 1번(패턴에 따라 개수가 달라짐) 합니다.

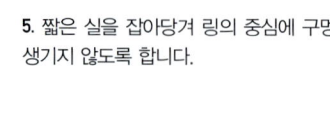

4. 만들어진 링 안으로 바늘을 넣어 주어진 개수의 뜨개법을 뜹니다.

5. 짧은 실을 잡아당겨 링의 중심에 구멍이 생기지 않도록 합니다.

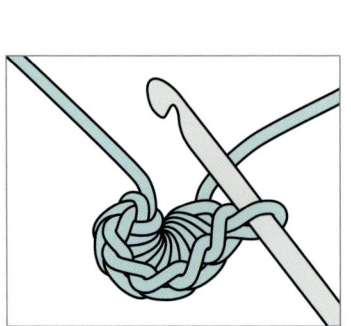

사슬뜨기

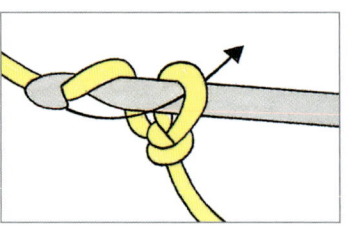

1. 시작코를 만든 후 바늘에 실을 감아 걸고 고리를 통과하며 당깁니다.

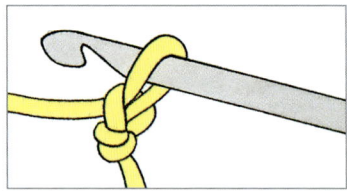

2. 하나의 사슬뜨기가 완성되었습니다.

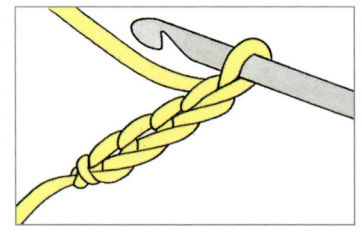

3. 바늘 아래로 생기는 사슬들을 왼손으로 잡아주면서 같은 방법으로 계속 떠 나갑니다. 끝쪽의 짧은 실을 당겨 벌어지거나 늘어지지 않게 해줍니다.

빼뜨기 •

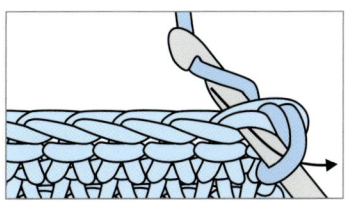

1. 바늘을 코에 넣고 바늘에 실을 감아 빼되 바늘에 걸려 있던 고리까지 한 번에 빼냅니다.

짧은뜨기 ✛

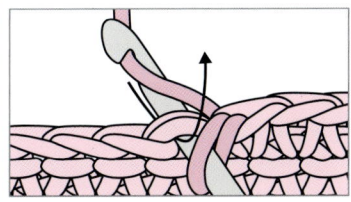

1. 바늘을 코에 넣고 바늘에 실을 감아 뺍니다.

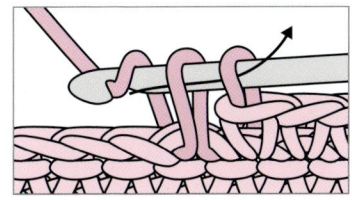

2. 바늘에 실을 한 번 더 감아 바늘에 걸려 있던 고리를 빼냅니다.

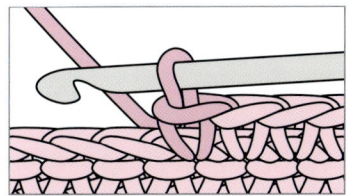

3. 바늘 위에 고리 하나가 남게 됩니다. 짧은뜨기 하나가 완성되었습니다. 같은 방법으로 계속 떠 나갑니다.

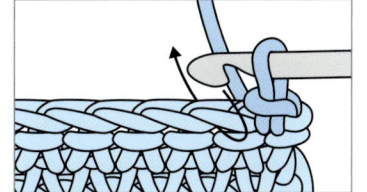

2. 계속해서 같은 방법으로 떠 나갑니다.

긴뜨기 ┬

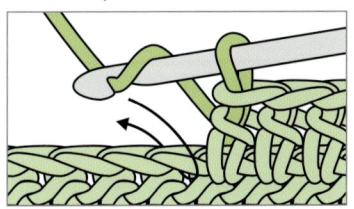

1. 바늘에 실을 감고 코에 바늘을 넣습니다.

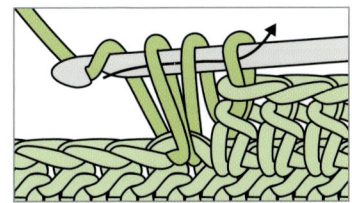

2. 바늘에 실을 한 번 더 감아 빼면 바늘에 고리 3개가 걸려 있게 됩니다. 바늘에 실을 한 번 더 감아 고리에 걸린 고리를 모두 빼냅니다.

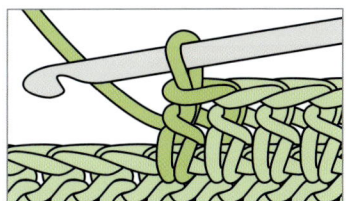

3. 바늘 위에 고리 하나가 남게 됩니다. 긴뜨기 하나가 완성되었습니다. 같은 방법으로 계속 떠 나갑니다.

한길긴뜨기 ┼

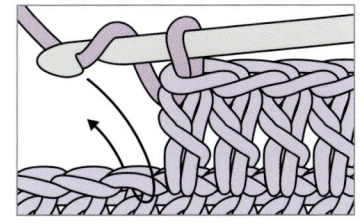

1. 바늘에 실을 감고 코에 바늘을 넣습니다.

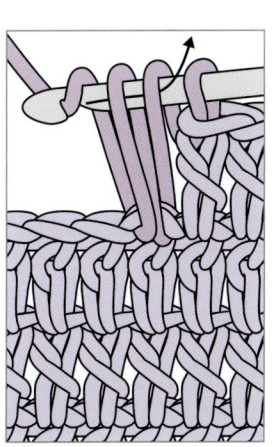

2. 바늘에 실을 한 번 더 감아 빼면 바늘에 고리 3개가 걸려 있게 됩니다. 바늘에 실을 감아 바늘에 걸린 고리 중 2개만 뺍니다.

3. 바늘에 한 번 더 실을 감아 바늘에 남아 있는 고리 2개를 모두 빼냅니다. 한길긴뜨기 하나가 완성되었습니다. 같은 방법으로 계속 떠 나갑니다.

두길긴뜨기

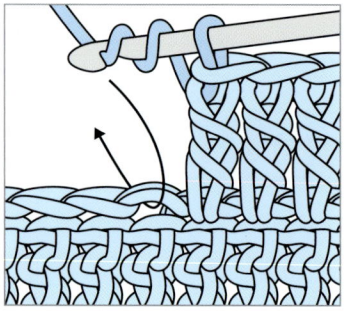

1. 바늘에 실을 2번 감고 코에 바늘을 넣습니다.

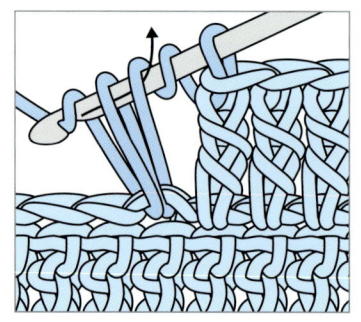

2. 바늘에 실을 한 번 더 감아 빼면 바늘에 고리 4개가 걸려 있게 됩니다. 바늘에 실을 한 번 더 감아 바늘에 걸린 고리 중 2개만 뺍니다.

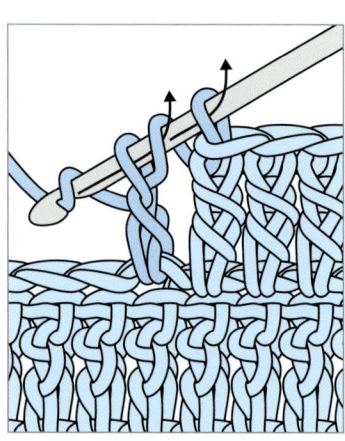

3. 바늘에 또 한 번 실을 감아 바늘에 남아 있는 고리 중 2개를 뺍니다.

4. 바늘에 한 번 더 실을 감아 바늘에 남아 있는 고리 2개를 모두 빼냅니다.

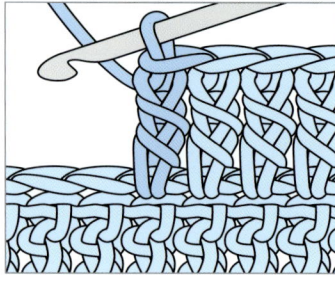

5. 두길긴뜨기 하나가 완성되었습니다. 같은 방법으로 계속 떠 나갑니다.

앞/뒤걸어뜨기

이 뜨개법은 머리 사슬을 주워 뜨는 것이 아니라 아래 기둥을 주워 뜨는 방법입니다. 이 방법을 이용하면 특별한 질감을 연출할 수 있습니다. 앞걸어뜨기를 하면 스티치가 약간 올라오고 뒤걸어뜨기를 하면 약간 들어갑니다.

여기서는 한길긴뜨기 앞걸어뜨기와 한길긴뜨기 뒤걸어뜨기를 예로 들어 설명하겠습니다. 다른 뜨기의 앞/뒤걸어뜨기도 해당 뜨개법을 기준으로 기둥을 걸어뜨는 법만 적용하면 됩니다.

한길긴뜨기 앞걸어뜨기

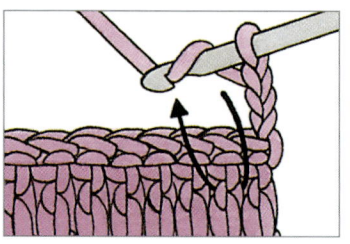

1. 바늘에 실을 감고, 머리 사슬 아래 보이는 기둥의 오른쪽 옆으로 바늘을 넣었다가 기둥 왼쪽 옆으로 뺍니다.

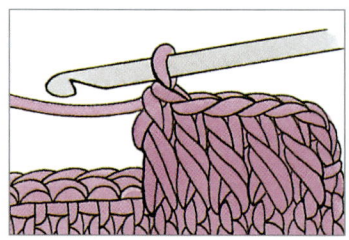

2. 바늘에 실을 감고 당겨 뺍니다. 그러면 바늘 위에 고리 3개가 남게 됩니다. 한길긴뜨기를 할 때처럼 바늘에 실을 감아 바늘에 걸린 고리 중 2개만 빼고, 바늘에 한 번 더 실을 감아 바늘에 남아 있는 고리 2개를 모두 빼냅니다.

한길긴뜨기 뒤걸어뜨기

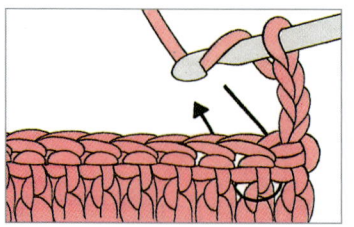

1. 바늘에 실을 감고, 머리 사슬 아래쪽에 보이는 기둥을 편물의 뒤쪽에서 앞쪽으로, 기둥 오른쪽 옆으로 바늘을 넣었다가 기둥 왼쪽 옆으로 뺍니다.

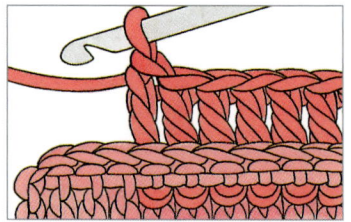

2. 바늘에 실을 감고 당겨 뺍니다. 그러면 바늘 위에 고리 3개가 남게 됩니다. 한길긴뜨기를 할 때처럼 바늘에 실을 감아 바늘에 걸린 고리 중 2개만 빼고, 바늘에 한 번 더 실을 감아 바늘에 남아 있는 고리 2개를 모두 빼냅니다.

스탠딩 스티치

사슬 기둥을 세우지 않고 단의 첫 코를 뜨는 방법입니다.

짧은뜨기 스탠딩 스티치

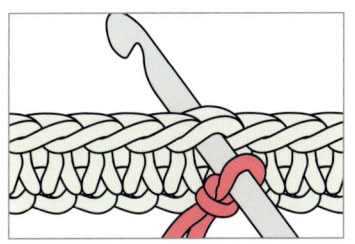

1. 시작코를 만들고 그 고리에 바늘을 끼웁니다. 그리고 바늘을 코에 넣습니다.

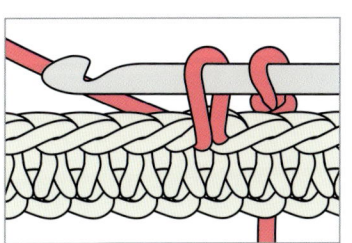

2. 계속해서 짧은뜨기를 뜹니다. 즉, 바늘에 실을 감아 빼고 실을 한 번 더 감아 바늘에 걸린 고리를 모두 빼냅니다.

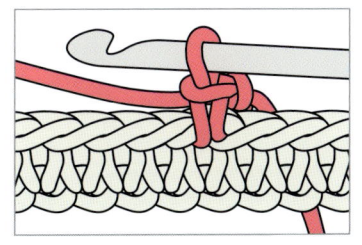

3. 스탠딩 스티치를 뜨고 나면 뒤쪽에 살짝 튀어나온 부분이 생기게 됩니다. 이 부분은 한 단을 모두 뜨고 나서 풀어주면 됩니다.

한길긴뜨기 스탠딩 스티치 A

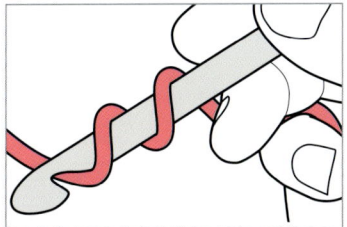

1. 바늘에 실을 2번 감으면 바늘에 고리가 2개 생깁니다. 이 고리들을 손가락으로 잘 잡아줍니다. (처음에는 다소 까다롭지만 몇 번 연습하다 보면 금방 적응하게 됩니다.)

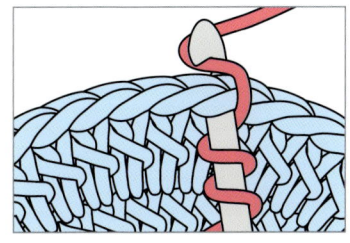

2. 바늘을 코에 넣고 실을 감아 당겨 뺍니다.

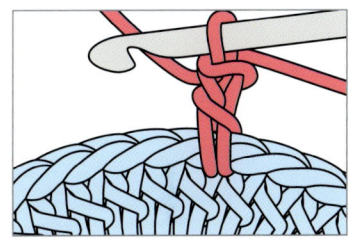

3. 계속해서 한길긴뜨기를 뜹니다. 즉, 바늘에 실을 감아 바늘에 걸린 고리 중 2개만 빼고 바늘에 한 번 더 실을 감아 바늘에 남아 있는 고리 2개를 모두 빼냅니다.

한길긴뜨기 스탠딩 스티치 B

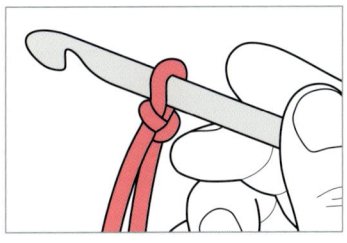

1. 시작코를 만들고 그 고리에 바늘을 끼웁니다.

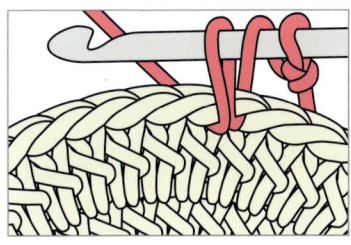

2. 바늘에 실을 한 번 감아 생긴 고리를 손으로 잡아 고정하고 바늘을 코에 넣었다가 실을 다시 한 번 감아 뺍니다.

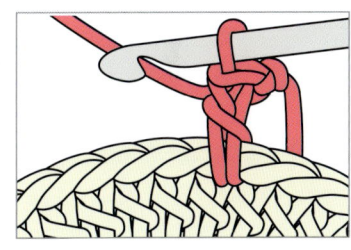

3. 계속해서 한길긴뜨기를 뜹니다. 즉, 바늘에 실을 감아 바늘에 걸린 고리 중 2개만 빼고 바늘에 한 번 더 실을 감아 바늘에 남아 있는 고리 2개를 모두 빼냅니다.

스탠딩 스티치를 뜨고 나면 뒤쪽에 살짝 튀어나온 부분이 생기게 됩니다. 이 부분은 한 단을 모두 뜨고 나서 풀어주면 됩니다.

한길긴뜨기 스탠딩 스티치의 변형

- 한길긴뜨기 2코 모아뜨기 스탠딩 스티치: 단의 첫 번째 스티치가 한길긴뜨기 2코 모아뜨기라면 첫 번째 코에 한길긴뜨기 스탠딩 스티치를 떠야 합니다. 뜨는 방법은 위에서 소개한 두 가지 방법 중 한 가지를 택하여 한길긴뜨기를 하되, 첫 번째 코에서는 미완성 한길긴뜨기 단계까지 뜨고, 다음 코에 바늘을 넣어 미완성 한길긴뜨기를 뜬 다음 바늘에 실을 감아 고리에 남아있는 고리를 모두 빼냅니다. (미완성 한길긴뜨기는 24쪽 '모아뜨기'와 '구슬뜨기' 내용 참조)

- 긴뜨기/세길긴뜨기 스탠딩 스티치: 뜨는 원리는 한길긴뜨기 스탠딩 스티치와 같습니다. 즉, 긴뜨기 스탠딩 스티치는 한길긴뜨기 스탠딩 스티치의 1–2단계까지 뜨고 마지막에 실을 감아 한 번에 바늘에 남아 있는 고리를 모두 빼냅니다. 세길긴뜨기 스탠딩 스티치 역시 한길긴뜨기 스탠딩 스티치를 참고하되, 처음에 바늘에 실을 감아줄 때 2번이 아니라 3번 감아줍니다.

머리 사슬 한 가닥 주워 뜨기

코바늘뜨기의 코는 두 가닥의 실이 V 모양의 사슬을 이루고 있습니다. 이 책에서는 보는 이의 입장에서 멀리 있는 가닥을 '머리 사슬 뒤쪽 한 가닥', 가까이 있는 가닥을 '머리 사슬 앞쪽 한 가닥'이라고 설명하였습니다.

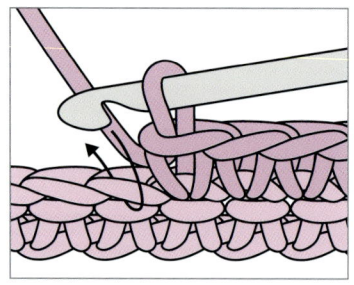

머리 사슬 앞쪽 한 가닥 주워 뜨기

머리 사슬의 앞쪽 한 가닥만 주워뜨는 방법입니다. 뜨고 나서 편물 뒤쪽을 보면 뜨지 않은 머리 사슬 뒤쪽 한 가닥이 살짝 튀어나와 보입니다.

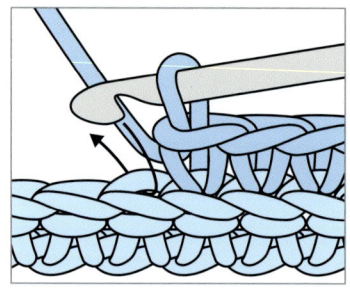

머리 사슬 뒤쪽 한 가닥 주워 뜨기

머리 사슬의 뒤쪽 한 가닥만 주워 뜨는 방법입니다. 뜨고 나면 편물 앞쪽으로 뜨지 않은 머리 사슬 앞쪽 한 가닥이 살짝 튀어나와 보입니다.

모아뜨기

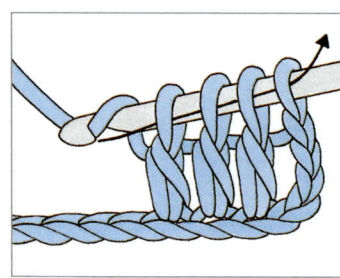

콧수를 줄이기 위해 여러 개의 코를 모아서 한 코로 만드는 방법을 말합니다.

예를 들어 한길긴뜨기 2코 모아뜨기는 바늘에 실을 감고 코에 바늘을 넣은 다음 실을 한 번 더 감아서 뺍니다. 실을 감아 바늘 위에 걸린 고리 3개 중 2개를 빼냅니다. (미완성 한길긴뜨기) 그리고 바늘에 실을 감아 다음 코에 바늘을 넣고 실을 감아 뺍니다. 실을 감아 바늘 위에 걸려 있는 고리 4개 중 2개를 빼냅니다. 다시 한 번 실을 감아 나머지 고리 3개를 한꺼번에 빼냅니다.

같은 원리로 한길긴뜨기 3코 모아뜨기는 각 코에 미완성 한길긴뜨기를 뜰 때마다 바늘에 걸리는 고리가 하나씩 더 생기게 됩니다. 따라서 처음 코에 뜰 때는 2개의 고리가, 두 번째 코에 뜰 때는 3개의 고리가, 세 번째 코에 뜰 때는 4개의 고리가 바늘에 남게 되며, 마지막 단계에서 바늘에 실을 감아 이 4개의 고리를 모두 빼냅니다.

사슬 공간에 뜨기

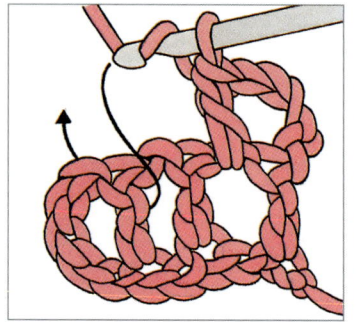

앞단의 사슬뜨기로 인해 생긴 공간에 바늘을 넣어 뜨는 경우 '사슬 공간에 뜬다'고 표현합니다. 즉, 사슬뜨기 2개로 인해 생긴 공간은 '2-사슬 공간', 3개로 인해 생긴 공간은 '3-사슬 공간'이라고 부릅니다. 위 그림은 1-사슬 공간에 한길긴뜨기를 한 모습입니다.

한 코에 여러 번 뜨기

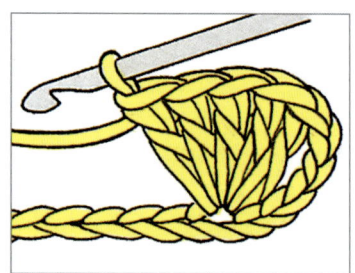

뜨고 나면 콧수가 늘어나는 뜨개법입니다. 2코, 3코, 혹은 그 이상의 스티치를 한 코에서 뜰 수 있으며 뜨고 나면 '셸'이라고 부르는 부채꼴 모양의 패턴이 생깁니다.

구슬뜨기

모아뜨기와 구슬뜨기는 뜨는 방법이 비슷한데 차이점은 한길긴뜨기를 예로 들어, '한길긴뜨기 2코 모아뜨기'는 2개의 코에 각각 미완성 한길긴뜨기(실을 감고 코에 바늘을 넣은 다음 실을 한 번 더 감아서 빼고, 실을 감아 바늘 위에 걸린 고리 중 2개만 빼내는 단계)를 하고 바늘에 실을 감아 바늘에 남은 고리를 모두 빼내는 방법이고, '한길긴뜨기 2코 구슬뜨기'는 한 코에 미완성 한길긴뜨기를 2번하고 바늘에 실을 감아 바늘에 남은 고리를 모두 빼내는 방법입니다.

단 마무리하기

빼뜨기로 마무리하기

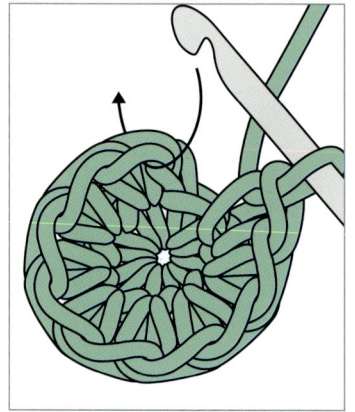

한 단의 마지막에 이르렀을 때 처음 코에 바늘을 넣어 빼뜨기를 하는 것이 가장 간단한 방법입니다. 아래 그림이 그 결과입니다.

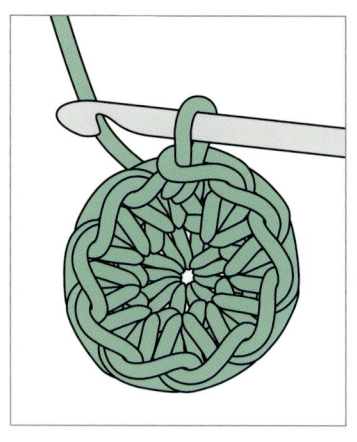

돗바늘로 마무리하기

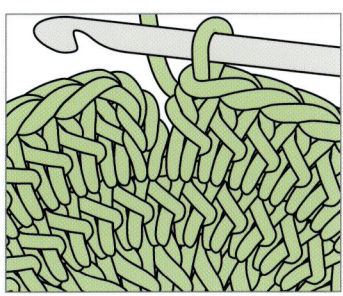

1. 한 단의 마지막까지 뜨고 난 다음 실을 10cm 정도 남기고 자릅니다.

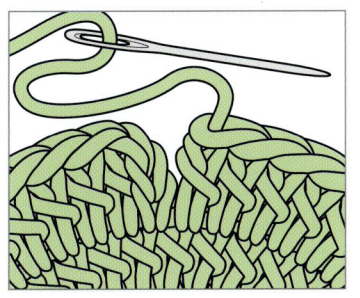

2. 고리에서 코바늘을 빼고 남겨놓은 실을 고리 안으로 빼낸 다음 돗바늘에 실을 꿰웁니다.

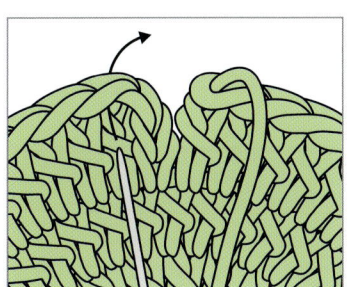

3. 돗바늘을 첫 코의 머리 사슬 아래로 넣습니다.

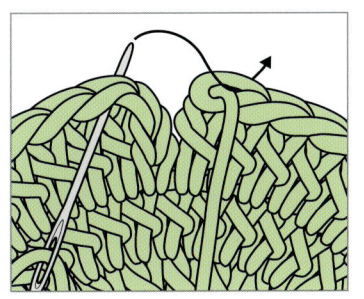

4. 그리고 돗바늘을 마지막 코 V 모양의 머리 사슬 중간으로 집어넣습니다.

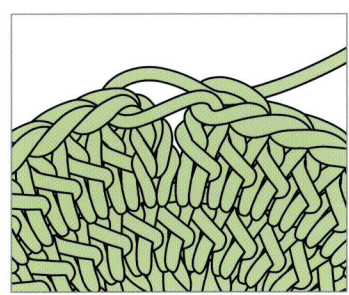

5. 바늘을 당겨 뺍니다.

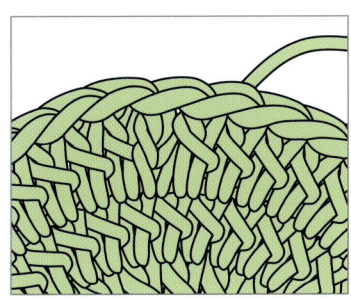

6. 실을 적당히 당겨 편물이 느슨해지지 않도록 합니다.

실을 끊고 정리하기

뜨기를 마치고 실을 끊는 것은 매우 간단하다고 생각될 수 있으나 실을 너무 짧게 끊어서는 안 된다는 점을 유념하세요. 실을 돗바늘에 꿰어 편물의 스티치 사이로 집어넣어 마무리해야만 실이 풀리는 것을 막을 수 있습니다.

실 끊기

마지막에서 사슬뜨기를 한 번 한 후 실을 10cm 정도 남기고 자른 다음 바늘에 실을 걸어 바늘에 걸린 고리 사이로 통과시켜 뺍니다. 적당히 당겨 느슨함을 방지합니다.

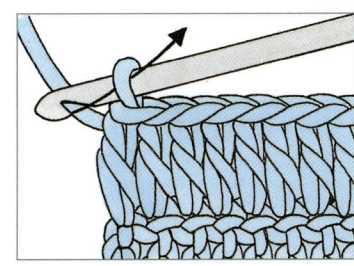

실 정리하기

남은 실은 겉에서 보이지 않도록 편물의 스티치 속으로 집어넣어 정리합니다. 즉, 돗바늘에 실을 꿰고 편물 뒤쪽에 스티치와 스티치 사이를 번갈아 가며 꿰듯이 집어넣어줍니다. 그리고 남아 있는 실을 바짝 잘라줍니다. 원형인 만다라의 경우 낮은 단 쪽으로 실을 빼면 더 좋습니다.

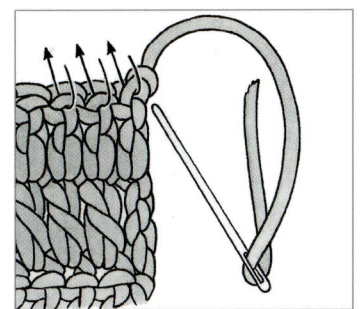

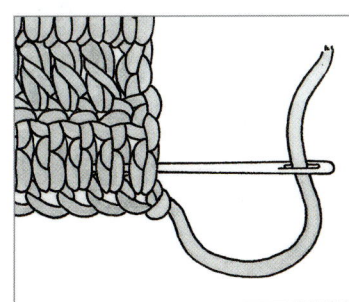

1 딸기 꽃 만다라(80쪽)

2 레트로 만다라(50쪽)

3 피자 모양 만다라(48쪽)

4 아이스크림 만다라(54쪽)

5 빙글빙글 만다라(42쪽)

6 태피스트리 크로셰 만다라(94쪽)

4

5

6

1 더블 루프 만다라(86쪽)
2 미니 모티프로 만드는 만다라(90쪽)
3 별이 빛나는 만다라(56쪽)
4, 6 작지만 아름다운 만다라(98쪽)
5 잔잔하게 퍼지는 물결(46쪽)
7 다이내믹 레이스 만다라(88쪽)

1 왕관 모양 만다라(38쪽)
2 꽃으로 마음을 전하세요!(82쪽)
3 꽃밭에서(84쪽)
4 팝콘 뜨기의 진수(92쪽)
5 할머니의 모티프(44쪽)
6 앙증맞은 데이지(70쪽)

1 오리엔탈 릴리 만다라(76쪽)
2 예쁜 패턴 총집합!(60쪽)
3 기분 좋은 도일리 만다라(100쪽)
4 튤립 만다라(72쪽)
5 아프리칸 플라워 만다라(74쪽)
6 라자스탄 만다라(52쪽)

02
만다라 패턴 30

만다라 패턴 30개를 소개합니다. 짧은뜨기로만 뜨는 아주 간단한 것부터 좀 더
복잡하고 어려운 스티치를 이용한, 그리고 텍스처가 만들어지는 어려운 패턴까지
다양한 패턴 중 자신에게 맞는 것을 골라 떠보세요. 단, 16~17쪽을 아직 읽지 않았다면
본격적인 뜨기를 하기 전에 꼭 그 내용을 먼저 확인해보기를 권합니다.

BASIC MANDALA

왕관 모양 만다라

바늘 사이즈 3.5mm(6호)
완성품 지름 18cm

가장 기초적인 뜨개법인 짧은뜨기로 아름다운 작품을 완성하였어요. 짧은뜨기는 매우 간단하지만, 견고하면서도 세련된 짜임새를 연출합니다. 우아한 테두리 패턴은 만다라를 왕관과 같은 모습으로 바꾸어 놓았어요.

Note
이 패턴의 기초 링에서 뜨는 코의 수는 6코입니다. 따라서 매 단마다 6의 배수로 콧수가 늘어납니다.
예) 1단-6코, 2단-12코, 3단-18코, 4단-24코…

시작(색상 A): 매직 링 또는 사슬뜨기 4개와 빼뜨기로 기초 링 만들기

1단: 링 안으로 바늘을 넣어 짧은뜨기 6번 → 단 마무리

2단: 모든 코에 각각 짧은뜨기 2번씩 → 단 마무리; 각 코마다 한 코씩 늘리기

3단: ★[처음 코에 짧은뜨기 1번 → 다음 코에 짧은뜨기 2번] → ★을 5번 더 반복 → 단 마무리; 2코에 한 번 콧수 늘리기

4단: ★[처음 2코에 각각 짧은뜨기 1번씩 → 다음 코에 짧은뜨기 2번] → ★을 5번 더 반복 → 단 마무리; 3코에 한 번 콧수 늘리기

※ 같은 원리로 5단에서는 4코에 한 번씩, 6단에서는 5코에 한 번씩, 20단에서는 19코에 한 번씩 콧수를 늘리게 됩니다. (이후 표시 생략)

5단: ★[처음 3코에 각각 짧은뜨기 1번씩 → 다음 코에 짧은뜨기 2번] → ★을 5번 더 반복 → 단 마무리

6단(색상 B): ★[처음 4코에 각각 짧은뜨기 1번씩 → 다음 코에 짧은뜨기 2번) → ★을 5번 더 반복 → 단 마무리

7단(색상 C): ★[처음 5코에 각각 짧은뜨기 1번씩 → 다음 코에 짧은뜨기 2번] → ★을 5번 더 반복 → 단 마무리

8단: ★[처음 6코에 각각 짧은뜨기 1번씩 → 다음 코에 짧은뜨기 2번] → ★을 5번 더 반복 → 단 마무리

9단: ★[처음 7코에 각각 짧은뜨기 1번씩 → 다음 코에 짧은뜨기 2번] → ★을 5번 더 반복 → 단 마무리

10단: ★[처음 8코에 각각 짧은뜨기 1번씩 → 다음 코에 짧은뜨기 2번] → ★을 5번 더 반복 → 단 마무리

11단(색상 B): ★[처음 9코에 각각 짧은뜨기 1번씩 → 다음 코에 짧은뜨기 2번] → ★을 5번 더 반복 → 단 마무리

12단(색상 D): ★[처음 10코에 각각 짧은뜨기 1번씩 → 다음 코에 짧은뜨기 2번] → ★을 5번 더 반복 → 단 마무리

13단: ★[처음 11코에 각각 짧은뜨기 1번씩 → 다음 코에 짧은뜨기 2번] → ★을 5번 더 반복 → 단 마무리

14단: ★[처음 12코에 각각 짧은뜨기 1번씩 → 다음 코에 짧은뜨기 2번] → ★을 5번 더 반복 → 단 마무리

15단: ★[처음 13코에 각각 짧은뜨기 1번씩 → 다음 코에 짧은뜨기 2번] → ★을 5번 더 반복 → 단 마무리

16단(색상 B): ★[처음 14코에 각각 짧은뜨기 1번씩 → 다음 코에 짧은뜨기 2번] → ★을 5번 더 반복 → 단 마무리

17단(색상 A): ★[처음 15코에 각각 짧은뜨기 1번씩 → 다음 코에 짧은뜨기 2번] → ★을 5번 더 반복 → 단 마무리

18단: ★[처음 16코에 각각 짧은뜨기 1번씩 → 다음 코에 짧은뜨기 2번] → ★을 5번 더 반복 → 단 마무리

19단: ★[처음 17코에 각각 짧은뜨기 1번씩 → 다음 코에 짧은뜨기 2번] → ★을 5번 더 반복 → 단 마무리

20단: ★[처음 18코에 각각 짧은뜨기 1번씩 → 다음 코에 짧은뜨기 2번] → ★을 5번 더 반복 → 단 마무리

21단(색상 B): 모든 코에 각각 짧은뜨기 1번씩 → 단 마무리

※ 자연스러운 원 모양이 되게 하기 위해 이 단은 코를 늘리지 않고 뜹니다. 안쪽으로 오그라들지 않게 하려면 조금 더 굵은 바늘로 바꿔서 떠도 좋습니다.

22단: ★[짧은뜨기 1번 → 다음 2코 건너뛰기 → 다음 코에 한길긴뜨기 5번 → 다음 2코 건너뛰기] → ★을 19번 더 반복 → 단 마무리

실 끊고 정리하기

기호 설명
○ 사슬뜨기
● 빼뜨기
+ 짧은뜨기
↟ 한길긴뜨기
▲ 단의 시작점

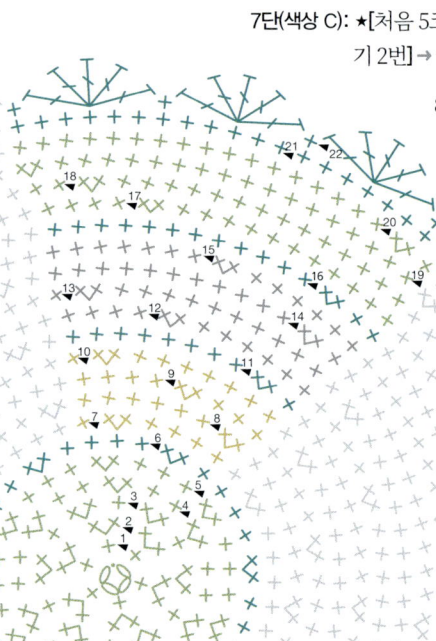

39 왕관 모양 만다라

BASIC MANDALA

물결치는 만다라

바늘 사이즈 6mm(10호)
완성품 지름 25cm

시선을 사로잡는 이 만다라 패턴은 얀 실 두 가닥으로 뜬 것입니다. 뜨개법은 비교적 간단하지만 실에 준 약간의 변화만으로 특별함을 선사합니다.

Notes

- 이 패턴의 기초 링에서 뜨는 코의 수는 10코입니다. 따라서 매 단마다 10의 배수로 콧수가 늘어납니다. 예) 1단–10코, 2단–20코, 3단–30코, 4단–40코….
- 얀 실 두 가닥으로 뜨므로 자신이 원하는 대로 색상을 조합해 뜨면 됩니다.

기호 설명

- ◯ 사슬뜨기
- ● 빼뜨기
- T 긴뜨기
- ◀ 단의 시작점

시작: 매직 링 또는 사슬뜨기 4개와 빼뜨기로 기초 링 만들기

1단: 링 안으로 바늘을 넣어 긴뜨기 10번 → 단 마무리

2단: 모든 코에 각각 긴뜨기 2번씩 → 단 마무리; 각 코마다 한 코씩 늘리기

3단: ★[처음 코에 긴뜨기 1번 → 다음 코에 긴뜨기 2번] → ★을 9번 더 반복 → 단 마무리; 2코에 한 번 콧수 늘리기

4단: ★[처음 2코에 각각 긴뜨기 1번씩 → 다음 코에 긴뜨기 2번] → ★을 9번 더 반복 → 단 마무리; 3코에 한 번 콧수 늘리기

5단: ★[처음 3코에 각각 긴뜨기 1번씩 → 다음 코에 긴뜨기 2번] → ★을 9번 더 반복 → 단 마무리; 4코에 한 번 콧수 늘리기

6단: ★[처음 4코에 각각 긴뜨기 1번씩 → 다음 코에 긴뜨기 2번] → ★을 9번 더 반복 → 단 마무리; 5코에 한 번 콧수 늘리기

7단: ★[처음 5코에 각각 긴뜨기 1번씩 → 다음 코에 긴뜨기 2번] → ★을 9번 더 반복 → 단 마무리; 6코에 한 번 콧수 늘리기

8단: ★[처음 6코에 각각 긴뜨기 1번씩 → 다음 코에 긴뜨기 2번] → ★을 9번 더 반복 → 단 마무리; 7코에 한 번 콧수 늘리기

9단: ★[처음 7코에 각각 긴뜨기 1번씩 → 다음 코에 긴뜨기 2번] → ★을 9번 더 반복 → 단 마무리; 8코에 한 번 콧수 늘리기

10단: ★[처음 8코에 각각 긴뜨기 1번씩 → 다음 코에 긴뜨기 2번] → ★을 9번 더 반복 → 단 마무리; 9코에 한 번 콧수 늘리기

11단: ★[처음 9코에 각각 긴뜨기 1번씩 → 다음 코에 긴뜨기 2번] → ★을 9번 더 반복 → 단 마무리; 10코에 한 번 콧수 늘리기

12단: ★[처음 10코에 각각 긴뜨기 1번씩 → 다음 코에 긴뜨기 2번] → ★을 9번 더 반복 → 단 마무리; 11코에 한 번 콧수 늘리기

13단: 모든 코에 각각 짧은뜨기 1번씩 → 단 마무리

실 끊고 정리하기

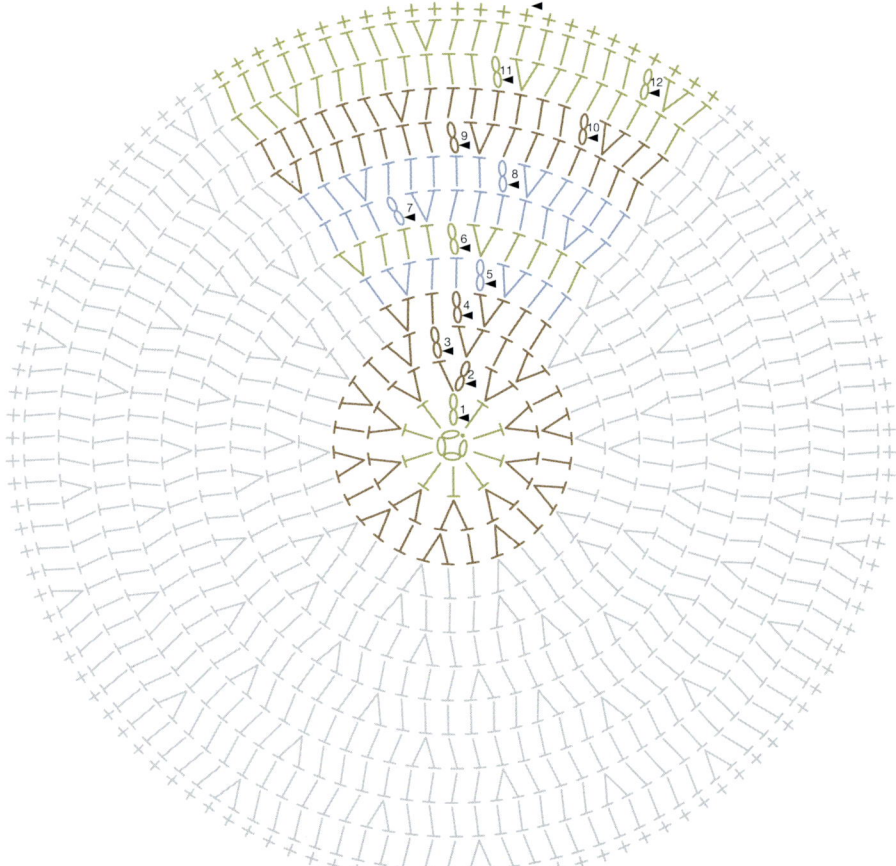

41 물결치는 만다라

42 BASIC MANDALA

빙글빙글 만다라

한길긴뜨기는 코바늘뜨기를 하는 사람들에게 매우 인기 있는 뜨개법입니다. 완전한 원 모양을 만드는 효과적인 방법이죠. 사랑스러운 파스텔 톤이 만다라를 더 아름답게 만듭니다. 원한다면 102~105쪽의 내용을 참고해 예쁜 테두리를 추가하여 떠도 좋습니다.

바늘 사이즈 3mm(5호)
완성품 지름 19.5cm

Note
이 패턴의 기초 링에서 뜨는 코의 수는 12코입니다. 따라서 매 단마다 12의 배수로 콧수가 늘어납니다. ⓔ 1단–12코, 2단–24코, 3단–36코, 4단–48코….

시작(색상 A): 매직 링 또는 사슬뜨기 4개와 빼뜨기로 기초 링 만들기

1단: 링 안으로 바늘을 넣어 한길긴뜨기 12번 → 단 마무리

2단: 모든 코에 각각 한길긴뜨기 2번씩 → 단 마무리;각 코마다 한 코씩 늘리기

3단: ★[처음 코에 한길긴뜨기 1번 → 다음 코에 한길긴뜨기 2번] → ★을 11번 더 반복 → 단 마무리;2코에 한 번 콧수 늘리기

4단: ★[처음 2코에 각각 한길긴뜨기 1번씩 → 다음 코에 한길긴뜨기 2번] → ★을 11번 더 반복 → 단 마무리;3코에 한 번 콧수 늘리기

5단(색상 B): ★[처음 3코에 각각 한길긴뜨기 1번씩 → 다음 코에 한길긴뜨기 2번] → ★을 11번 더 반복 → 단 마무리;4코에 한 번 콧수 늘리기

6단(색상 C): ★[처음 4코에 각각 한길긴뜨기 1번씩 → 다음 코에 한길긴뜨기 2번] → ★을 11번 더 반복 → 단 마무리;5코에 한 번 콧수 늘리기

7단: ★[처음 5코에 각각 한길긴뜨기 1번씩 → 다음 코에 한길긴뜨기 2번] → ★을 11번 더 반복 → 단 마무리;6코에 한 번 콧수 늘리기

8단: ★[처음 6코에 각각 한길긴뜨기 1번씩 → 다음 코에 한길긴뜨기 2번] → ★을 11번 더 반복 → 단 마무리;7코에 한 번 콧수 늘리기

9단(색상 B): ★[처음 7코에 각각 한길긴뜨기 1번씩 → 다음 코에 한길긴뜨기 2번] → ★을 11번 더 반복 → 단 마무리;8코에 한 번 콧수 늘리기

10단(색상 D): ★[처음 8코에 각각 한길긴뜨기 1번씩 → 다음 코에 한길긴뜨기 2번] → ★을 11번 더 반복 → 단 마무리;9코에 한 번 콧수 늘리기

11단: ★[처음 9코에 각각 한길긴뜨기 1번씩 → 다음 코에 한길긴뜨기 2번] → ★을 11번 더 반복 → 단 마무리;10코에 한 번 콧수 늘리기

12단(색상 B): ★[처음 10코에 각각 한길긴뜨기 1번씩 → 다음 코에 한길긴뜨기 2번] → ★을 11번 더 반복 → 단 마무리;11코에 한 번 콧수 늘리기

실 끊고 정리하기

기호 설명
○ 사슬뜨기
● 빼뜨기
┬ 한길긴뜨기
▶ 단의 시작점

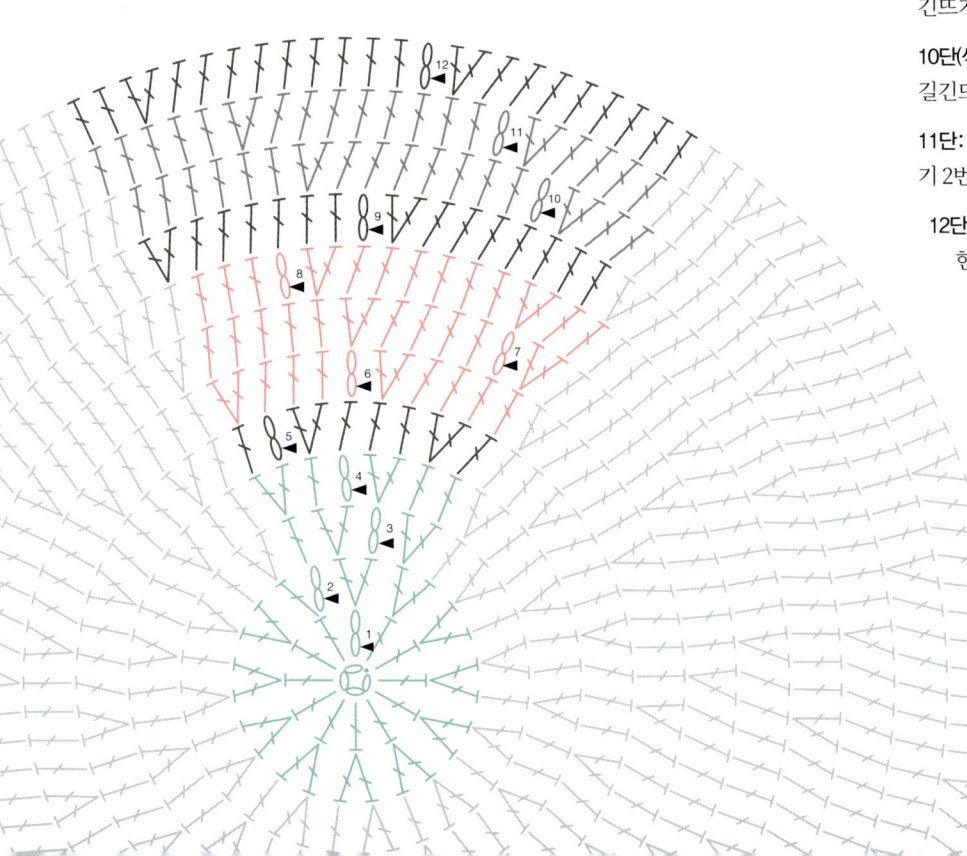

43 빙글빙글 만다라

BASIC MANDALA

할머니의 모티프

바늘 사이즈 3mm(5호)
완성품 지름 20.5cm

이 패턴을 보면 저는 할머니가 떠주셨던 사각 모티프가 생각납니다. 조금 오래된 느낌이 들어도 그것 자체가 매력이지요. 각 단마다 색을 바꿔 뜨다가 10~12단에 썼던 색을 배치하여 안정감 있게 마무리해 보았습니다.

Term
사슬 공간이란 앞단의 사슬뜨기로 인해 생긴 공간을 말합니다. ㉾ 앞단의 사슬뜨기 1개로 생긴 공간: 1-사슬 공간, 사슬뜨기 2개로 생긴 공간: 2-사슬 공간….

시작(색상 A): 매직 링 또는 사슬뜨기 6개와 빼뜨기로 기초 링 만들기

1단: ★[링 안으로 바늘을 넣어 한길긴뜨기 3번, 사슬뜨기 1번] → ★을 5번 더 반복 → 단 마무리

2단(색상 B): ★[1-사슬 공간에 한길긴뜨기 3번 • 사슬뜨기 1번 • 한길긴뜨기 3번] → ★을 5번 더 반복 → 단 마무리

3단(색상 C): ★[1-사슬 공간에 한길긴뜨기 3번, 사슬뜨기 1번] → ★을 11번 더 반복 → 단 마무리

4단(색상 D): ★[1-사슬 공간에 한길긴뜨기 3번, 사슬뜨기 3번 → 다음 1-사슬 공간에 한길긴뜨기 3번, 사슬뜨기 2번] → ★을 5번 더 반복 → 단 마무리

5단(색상 E): ★[3-사슬 공간에 한길긴뜨기 3번 • 사슬뜨기 1번 • 한길긴뜨기 3번, 사슬뜨기 2번 → 2-사슬 공간에 한길긴뜨기 3번, 사슬뜨기 2번] → ★을 5번 더 반복 → 단 마무리

6단(색상 F): ★[1-사슬 공간에 한길긴뜨기 3번, 사슬뜨기 2번 → {2-사슬 공간에 한길긴뜨기 3번, 사슬뜨기 2번}×2] → ★을 5번 더 반복 → 단 마무리

7단(색상 G): ★[2-사슬 공간에 한길긴뜨기 4번, 사슬뜨기 2번] → ★을 17번 더 반복 → 단 마무리

8단(색상 H): ★[2-사슬 공간에 한길긴뜨기 3번, 사슬뜨기 2번 → 다음 2-사슬 공간에 한길긴뜨기 3번 • 사슬뜨기 1번 • 한길긴뜨기 3번, 사슬뜨기 2번] → ★을 8번 더 반복 → 단 마무리

9단(색상 I): ★[1-사슬 공간에 한길긴뜨기 4번, 사슬뜨기 1번 → {2-사슬 공간에 한길긴뜨기 4번, 사슬뜨기 1번}×2] → ★을 8번 더 반복 → 단 마무리

10단(색상 G): ★[1-사슬 공간에 한길긴뜨기 4번, 사슬뜨기 2번] → ★을 26번 더 반복 → 단 마무리

11단(색상 D): ★[2-사슬 공간에 한길긴뜨기 2번 • 사슬뜨기 1번 • 한길긴뜨기 2번, 사슬뜨기 2번] → ★을 26번 더 반복 → 단 마무리

12단(색상 E): ★[2-사슬 공간에 한길긴뜨기 3번 → 1-사슬 공간에 한길긴뜨기 3번] → ★을 26번 더 반복 → 단 마무리

실 끊고 정리하기

기호 설명
○ 사슬뜨기
● 빼뜨기
┼ 한길긴뜨기
▶ 단의 시작점

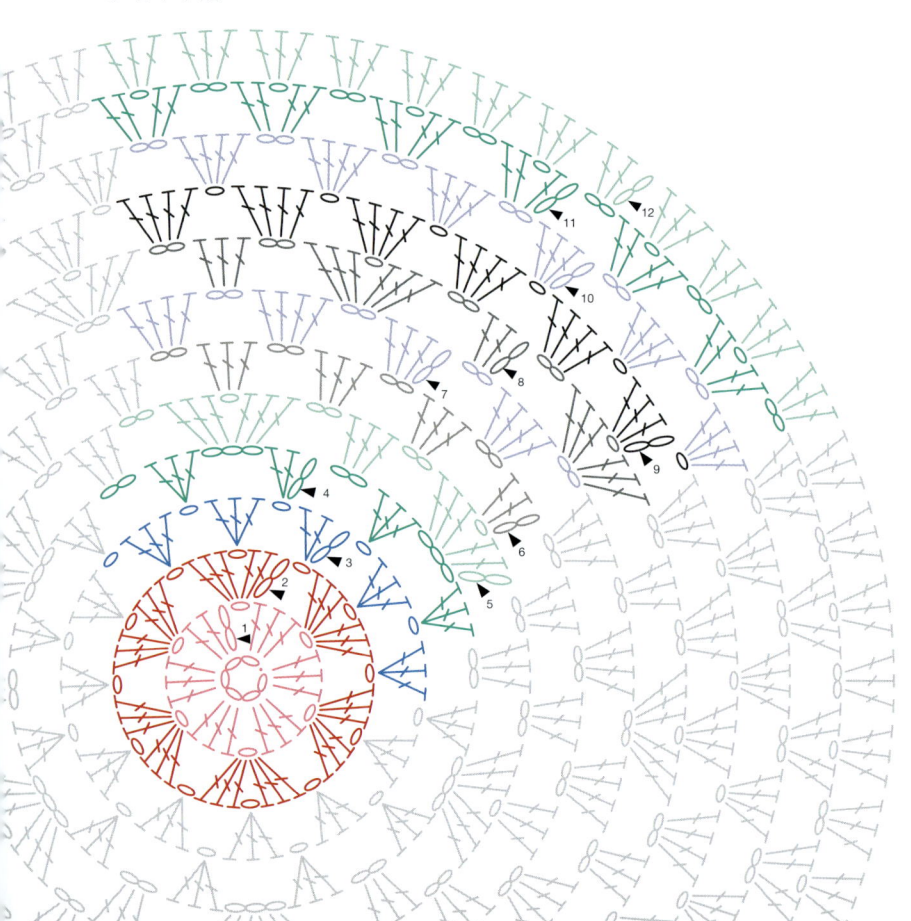

45 할머니의 모티프

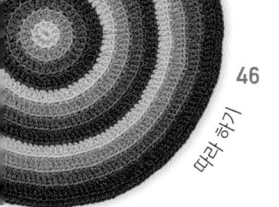

BASIC MANDALA

잔잔하게 퍼지는 물결

바늘 사이즈 3mm(5호)
완성품 지름 23cm

단순한 패턴에 있는 작은 꼬임은 만다라를 색다르게 보이게 합니다. 머리 사슬 뒤쪽 한 가닥을 주워서 떴더니 이렇게 흥미로운 질감이 완성되었네요.

Note
1단을 제외하고 대부분 머리 사슬 뒤쪽 한 가닥(바깥쪽 사슬 반 코)만 주워 뜹니다. 지시문에서는 지면의 한계상 '뒤쪽 반 코 한길긴뜨기', '뒤쪽 반 코 짧은뜨기'로 표현하였습니다. (머리 사슬 뒤쪽 한 가닥 주워 뜨는 법은 24쪽 참조)

기호 설명
○ 사슬뜨기
● 빼뜨기
╪ 한길긴뜨기
↧ 머리 사슬 뒤쪽 한 가닥 주워 한길긴뜨기
⊥ 머리 사슬 뒤쪽 한 가닥 주워 짧은뜨기
◀ 단의 시작점

시작(색상 A): 매직 링 또는 사슬뜨기 4개와 빼뜨기로 기초 링 만들기

1단: 링 안으로 바늘을 넣어 한길긴뜨기 12번 → 단 마무리

2단(색상 B): 모든 코에 각각 뒤쪽 반 코 한길긴뜨기 2번씩 → 단 마무리; 각 코마다 한 코씩 늘리기

3단(색상 C): ★[뒤쪽 반 코 한길긴뜨기 1번 → 다음 코에 뒤쪽 반 코 한길긴뜨기 2번] → ★을 11번 더 반복 → 단 마무리; 2코에 한 번 콧수 늘리기

4단(색상 D): ★[뒤쪽 반 코 한길긴뜨기 1번 → 다음 코에 뒤쪽 반 코 한길긴뜨기 2번] → ★을 17번 더 반복 → 단 마무리; 2코에 한 번 콧수 늘리기

5단(색상 A): ★[처음 2코에 각각 뒤쪽 반 코 한길긴뜨기 1번씩 → 다음 코에 뒤쪽 반 코 한길긴뜨기 2번] → ★을 17번 더 반복 → 단 마무리; 3코에 한 번 콧수 늘리기

6단(색상 B): ★[처음 3코에 각각 뒤쪽 반 코 한길긴뜨기 1번씩 → 다음 코에 뒤쪽 반 코 한길긴뜨기 2번] → ★을 17번 더 반복 → 단 마무리; 4코에 한 번 콧수 늘리기

※ 같은 원리로 7단에서는 5코에 한 번씩, 8단에서는 6코에 한 번씩, 12단에서는 10코에 한 번씩 콧수를 늘리게 됩니다. (이후 표시 생략)

7단(색상 C): ★[처음 4코에 각각 뒤쪽 반 코 한길긴뜨기 1번씩 → 다음 코에 뒤쪽 반 코 한길긴뜨기 2번] → ★을 17번 더 반복 → 단 마무리

8단(색상 D): ★[처음 5코에 각각 뒤쪽 반 코 한길긴뜨기 1번씩 → 다음 코에 뒤쪽 반 코 한길긴뜨기 2번] → ★을 17번 더 반복 → 단 마무리

9단(색상 A): ★[처음 6코에 각각 뒤쪽 반 코 한길긴뜨기 1번씩 → 다음 코에 뒤쪽 반 코 한길긴뜨기 2번] → ★을 17번 더 반복 → 단 마무리

10단(색상 B): ★[처음 7코에 각각 뒤쪽 반 코 한길긴뜨기 1번씩 → 다음 코에 뒤쪽 반 코 한길긴뜨기 2번] → ★을 17번 더 반복 → 단 마무리

11단(색상 C): ★[처음 8코에 각각 뒤쪽 반 코 한길긴뜨기 1번씩 → 다음 코에 뒤쪽 반 코 한길긴뜨기 2번] → ★을 17번 더 반복 → 단 마무리

12단(색상 D): ★[처음 9코에 각각 뒤쪽 반 코 한길긴뜨기 1번씩 → 다음 코에 뒤쪽 반 코 한길긴뜨기 2번] → ★을 17번 더 반복 → 단 마무리

13단: 모든 코에 각각 뒤쪽 반 코 짧은뜨기 1번씩 → 단 마무리

실 끊고 정리하기

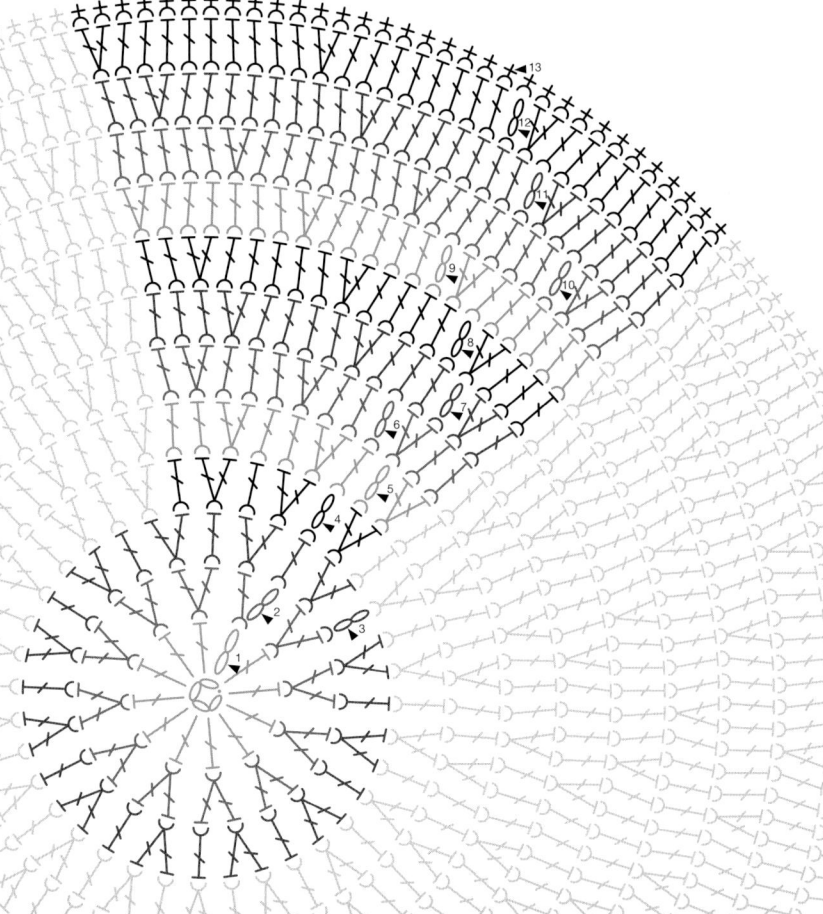

47 잔잔하게 퍼지는

BASIC MANDALA

피자 모양 만다라

바늘 사이즈 3mm(5호)
완성품 지름 21.5cm

매우 단순하지만 우아합니다. 호두 껍데기 안쪽 같기도 하고 피자를 잘라놓은 것 같기도 하네요. 중심에서 쭉 뻗어나가는 모양이기 때문에 헛갈리지 않고 수월하게 떠 나갈 수 있습니다. 다양한 색상으로 시도해보세요.

Note
이 패턴은 레이스 패턴이기 때문에 이전 단의 시작 위치와 같은 위치에서 다음 단이 시작해도 보기 싫은 자국이 남지 않습니다. (단의 시작 위치에 대한 설명은 18쪽 참조)

시작(색상 A): 매직 링 또는 사슬뜨기 7개와 빼뜨기로 기초 링 만들기

1단: 링 안으로 바늘을 넣어 짧은뜨기 10번 → 단 마무리

2단(색상 B): ★[한길긴뜨기 1번, 사슬뜨기 3번] → ★을 9번 더 반복 → 단 마무리

3단: ★[3-사슬 공간에 한길긴뜨기 3번, 사슬뜨기 2번] → ★을 9번 더 반복 → 단 마무리

4단: ★[한길긴뜨기 1번 → 다음 코에 한길긴뜨기 2번 → 다음 코에 한길긴뜨기 1번, 사슬뜨기 2번] → ★을 9번 더 반복 → 단 마무리

5단: ★[한길긴뜨기 1번 → 다음 코에 한길긴뜨기 2번 → 다음 2코에 각각 한길긴뜨기 1번씩, 사슬뜨기 2번] → ★을 9번 더 반복 → 단 마무리

6단: ★[한길긴뜨기 1번 → {다음 코에 한길긴뜨기 2번 → 다음 코에 한길긴뜨기 1번}×2, 사슬뜨기 2번] → ★을 9번 더 반복 → 단 마무리

7단: ★[한길긴뜨기 1번 → 다음 코에 한길긴뜨기 2번 → 다음 3코에 각각 한길긴뜨기 1번씩 → 다음 코에 한길긴뜨기 2번 → 다음 코에 한길긴뜨기 1번, 사슬뜨기 2번] → ★을 9번 더 반복 → 단 마무리

8단: ★[한길긴뜨기 1번 → 다음 코에 한길긴뜨기 2번 → 다음 5코에 각각 한길긴뜨기 1번씩, 다음 코에 한길긴뜨기 2번 → 다음 코에 한길긴뜨기 1번, 사슬뜨기 2번] → ★을 9번 더 반복 → 단 마무리

9단: ★[5코에 각각 한길긴뜨기 1번씩 → 다음 코에 한길긴뜨기 2번 → 다음 5코에 각각 한길긴뜨기 1번씩, 사슬뜨기 2번] → ★을 9번 더 반복 → 단 마무리

10단: ★[한길긴뜨기 1번 → 다음 코에 한길긴뜨기 2번 → 다음 10코에 각각 한길긴뜨기 1번씩, 사슬뜨기 2번] → ★을 9번 더 반복 → 단 마무리

11단: ★[11코에 각각 한길긴뜨기 1번씩 → 다음 코에 한길긴뜨기 2번 → 다음 코에 한길긴뜨기 1번, 사슬뜨기 2번] → ★을 9번 더 반복 → 단 마무리

12단(색상 A): ★[14코에 각각 한길긴뜨기 1번씩 → 2-사슬 공간에 한길긴뜨기 2번] → ★을 9번 더 반복 → 단 마무리

13단: 모든 코에 각각 되돌려 짧은뜨기 → 단 마무리

실 끊고 정리하기

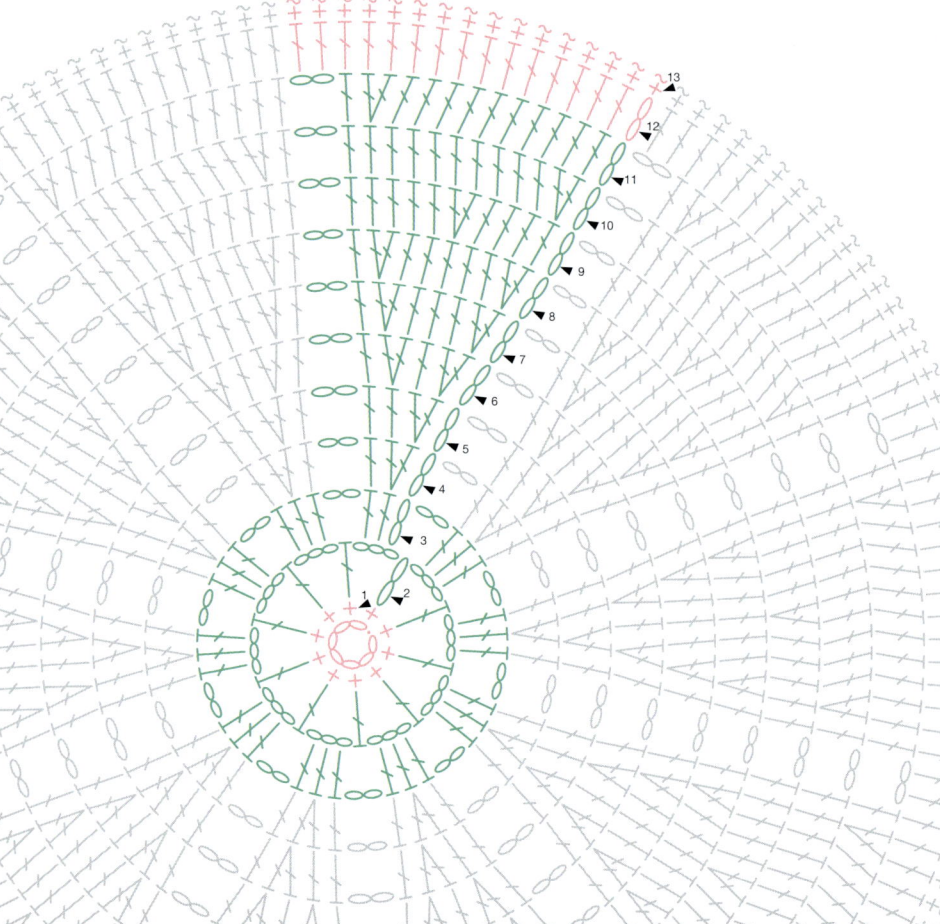

기호 설명
◯ 사슬뜨기
● 빼뜨기
+ 짧은뜨기
╪ 한길긴뜨기
◀ 단의 시작점

응용 뜨기(125쪽 참조)
⊥ 되돌려 짧은뜨기

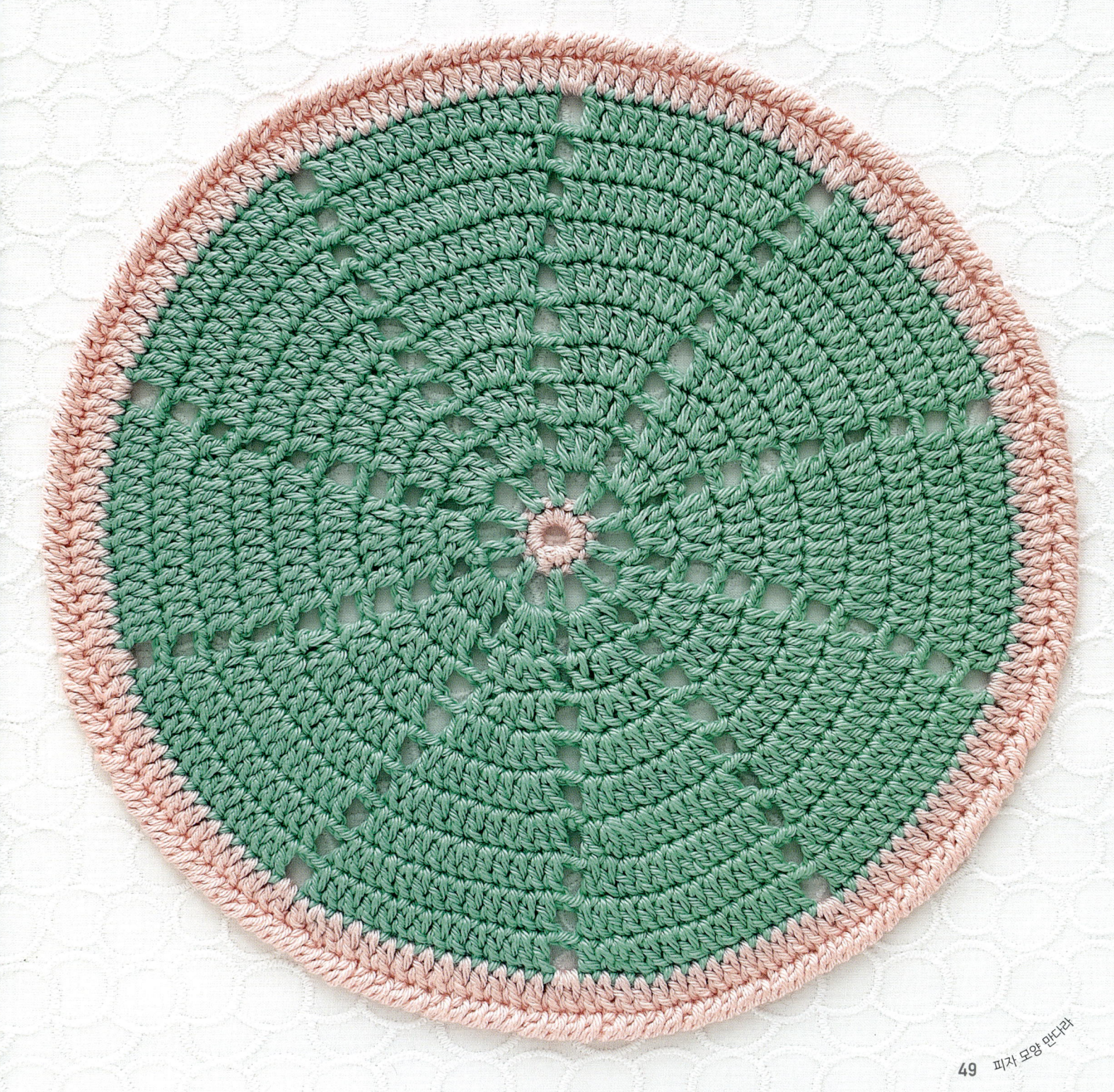

49 피자 모양 만다라

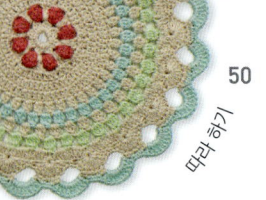

레트로 만다라

바늘 사이즈 3mm(5호)
완성품 지름 25cm

기호 설명
- ○ 사슬뜨기
- ● 빼뜨기
- ⋔ 한길긴뜨기 3코 구슬뜨기
- ╂ 한길긴뜨기
- ◇ 한길긴뜨기 2코 구슬뜨기
- ⋔ 한길긴뜨기 4코 구슬뜨기
- ◀ 단의 시작점

응용 뜨기(125쪽 참조)
- ⬡ 팝콘 뜨기

복고적인 색상과 패턴으로 떠 본 레트로 만다라입니다. 중앙의 팝콘 뜨기와 사랑스러운 물결 무늬 테두리가 시선을 사로잡네요.

시작(색상 A): 매직 링 또는 사슬뜨기 8개와 빼뜨기로 기초 링 만들기

1단: ★[링 안으로 바늘을 넣어 한길긴뜨기 3코 구슬뜨기 1번, 사슬뜨기 3번] → ★을 7번 더 반복 → 단 마무리

2단(색상 B): ★[3-사슬 공간에 팝콘 뜨기 1번, 사슬뜨기 5번] → ★을 7번 더 반복 → 단 마무리

3단(색상 A): ★[1단의 3-사슬 공간(2단에서 팝콘 뜨기를 한 곳 오른쪽)에 한길긴뜨기 3번, 사슬뜨기 4번 → 2단의 팝콘 뜨기 코는 건너뛰기] → ★을 7번 더 반복 → 단 마무리

4단: ★[3코에 각각 한길긴뜨기 1번씩 → 4-사슬 공간에 한길긴뜨기 3번] → ★을 7번 더 반복 → 단 마무리

5단: ★[2코에 각각 한길긴뜨기 1번씩 → 다음 코에 한길긴뜨기 2번] → ★을 15번 더 반복 → 단 마무리

6단: ★[3코에 각각 한길긴뜨기 1번씩 → 다음 코에 한길긴뜨기 2번] → ★을 15번 더 반복 → 단 마무리

7단: ★[한길긴뜨기 2코 구슬뜨기 1번, 사슬뜨기 2번 → 다음 코 건너뛰기] → ★을 39번 더 반복 → 단 마무리

8단(색상 C): ★[2-사슬 공간에 한길긴뜨기 3코 구슬뜨기 1번, 사슬뜨기 2번] → ★을 39번 더 반복 → 단 마무리

9단(색상 A): ★[2-사슬 공간에 한길긴뜨기 3코 구슬뜨기 1번, 사슬뜨기 3번] → ★을 39번 더 반복 → 단 마무리

10단(색상 D): ★[3-사슬 공간에 한길긴뜨기 4코 구슬뜨기 1번, 사슬뜨기 4번] → ★을 39번 더 반복 → 단 마무리

11단(색상 A): ★[4-사슬 공간에 한길긴뜨기 4번 → 10단의 구슬뜨기 코에 한길긴뜨기 1번] → ★을 39번 더 반복 → 단 마무리

12단: ★[10단의 구슬뜨기 코와 같은 선 상에 있는 11단의 한길긴뜨기 코에 한길긴뜨기 9번셀 생성 → 다음 4코 건너뛰기 → 다음 코에 짧은뜨기 1번 → 다음 4코 건너뛰기] → ★을 19번 더 반복 → 단 마무리

※ 한 공간에 여러 번 뜨기를 하면 부채꼴 모양의 패턴이 생기는 데 이것을 '셀'이라고 부름

13단: ★[12단에서 생성된 셀의 3번째 코에 짧은뜨기 1번 → 다음 4코에 각각 짧은뜨기 1번씩 → 사슬뜨기 7번] → ★을 19번 더 반복 → 단 마무리

14단(색상 C): ★[13단의 2번째 짧은뜨기 코에 짧은뜨기 1번 → 다음 2코에 각각 짧은뜨기 1번씩 → 다음 코 건너뛰기 7-사슬 공간에 한길긴뜨기 9번] → ★을 19번 더 반복 → 단 마무리

실 끊고 정리하기

51 레트로 만다라

라자스탄 만다라

CLASSIC MANDALA

이 패턴은 인도 라자스탄의 하와마할 궁전에 있는 창문 문양에서 영감을 떠올려 만들었습니다. 중앙은 원 모양이지만 이것이 자연스럽게 별 모양으로 변화하고, 그리고는 육각형으로 바뀌는 신비한 문양입니다.

바늘 사이즈 3mm(5호)
완성품 지름 17cm

기호 설명
- ○ 사슬뜨기
- ● 빼뜨기
- + 짧은뜨기
- ┬ 한길긴뜨기
- ╪ 두길긴뜨기
- ◀ 단의 시작점

응용 뜨기(125쪽 참조)
- 🌀 4-피코뜨기

시작(색상 A): 매직 링 또는 사슬뜨기 4개와 빼뜨기로 기초 링 만들기

1단: 링 안으로 바늘을 넣어 짧은뜨기 6번 → 단 마무리

2단(색상 B): ★[빼뜨기 1번, 사슬뜨기 3번] → ★을 5번 더 반복 → 단 마무리

3단(색상 C): ★[3-사슬 공간에 한길긴뜨기 3번, 사슬뜨기 3번] → ★을 5번 더 반복 → 단 마무리

4단(색상 A): ★[3-사슬 공간에 한길긴뜨기 3번·사슬뜨기 2번·한길긴뜨기 3번] → ★을 5번 더 반복 → 단 마무리

5단: ★[4단에서 만들어진 한길긴뜨기 블록 사이 공간에 짧은뜨기 1번 → 2-사슬 공간에 한길긴뜨기 3번·사슬뜨기 3번·한길긴뜨기 3번] → ★을 5번 더 반복 → 단 마무리

※ 한 공간에서 4단의 '한길긴뜨기 3번·사슬뜨기 2번·한길긴뜨기 3번'과 같은 패턴을 뜨고 나면 스티치들이 하나로 뭉쳐보이는데, 이것을 '블록'이라고 부름

6단(색상 B): ★[3-사슬 공간에 짧은뜨기 1번 + 4-피코뜨기 1번, 사슬뜨기 1번 → 3코 건너뛰기 → 다음 코에 두길긴뜨기 7번, 사슬뜨기 1번 → 3코 건너뛰기] → ★을 5번 더 반복 → 단 마무리

7단(색상 D): ★[피코뜨기 구멍에 짧은뜨기 1번, 사슬뜨기 7번 → 3코 건너뛰기 → 앞단의 4번째 두길긴뜨기 코에 짧은뜨기 1번 → 3코 건너뛰기, 사슬뜨기 7번] → ★을 5번 더 반복 → 단 마무리

8단: ★[7-사슬 공간에 한길긴뜨기 8번 → 다음 코에 한길긴뜨기 1번] → ★을 11번 더 반복 → 단 마무리

9단: ★[짧은뜨기 1번, 사슬뜨기 3번 → 다음 코 건너뛰기] → ★을 53번 더 반복 → 단 마무리

10단: ★[3-사슬 공간에 짧은뜨기 1번, 사슬뜨기 3번] → ★을 53번 더 반복 → 단 마무리

11단: ★[3-사슬 공간에 짧은뜨기 1번, 사슬뜨기 3번] → ★을 53번 더 반복 → 단 마무리

12단: ★[3-사슬 공간에 짧은뜨기 1번, 사슬뜨기 3번] → ★을 53번 더 반복 → 단 마무리

13단: ★[3-사슬 공간에 짧은뜨기 1번, 사슬뜨기 3번] → ★을 53번 더 반복 → 단 마무리

실 끊고 정리하기

53 라자스탄 만다라

아이스크림 만다라

바늘 사이즈 3mm(5호)
완성품 지름 22.5cm

이 패턴은 내가 가장 좋아하는 디저트, 아이스크림을 생각나게 합니다. 102~105쪽을 참고해 테두리에 변화를 줘보세요. 이 패턴에는 선명하고 밝은 색이 잘 어울립니다.

Note: 이 만다라는 먼저 7개의 삼각형 편물을 뜨고 각각을 연결해 만드는 방식입니다. 그리고 13번째 단에서 각 조각이 하나의 원으로 묶이게 됩니다.

시작: 사슬뜨기 3번

1단: 처음 사슬에 한길긴뜨기 1번 → 편물 돌리기; 한길긴뜨기 2개와 같음

2단: 각 코에 한길긴뜨기 2번씩 → 편물 돌리기

3단: 한길긴뜨기 2번 → 다음 2코에 각각 한길긴뜨기 1번씩 → 다음 코에 한길긴뜨기 2번 → 편물 돌리기

4단: 한길긴뜨기 2번 → 다음 4코에 각각 한길긴뜨기 1번씩 → 다음 코에 한길긴뜨기 2번 → 편물 돌리기

기호 설명
○ 사슬뜨기
╀ 한길긴뜨기
▲ 단의 시작점

5단: 한길긴뜨기 2번 → 다음 6코에 각각 한길긴뜨기 1번씩 → 다음 코에 한길긴뜨기 2번 → 편물 돌리기

6단: 한길긴뜨기 2번 → 다음 8코에 각각 한길긴뜨기 1번씩 → 다음 코에 한길긴뜨기 2번 → 편물 돌리기

7단: 한길긴뜨기 2번 → 다음 10코에 각각 한길긴뜨기 1번씩 → 다음 코에 한길긴뜨기 2번 → 편물 돌리기

8단: 한길긴뜨기 2번 → 다음 12코에 각각 한길긴뜨기 1번씩 → 다음 코에 한길긴뜨기 2번 → 편물 돌리기

9단: 한길긴뜨기 2번 → 다음 14코에 각각 한길긴뜨기 1번씩 → 다음 코에 한길긴뜨기 2번 → 편물 돌리기

10단: 한길긴뜨기 2번 → 다음 16코에 각각 한길긴뜨기 1번씩 → 다음 코에 한길긴뜨기 2번 → 편물 돌리기

11단: 한길긴뜨기 2번 → 다음 18코에 각각 한길긴뜨기 1번씩 → 다음 코에 한길긴뜨기 2번 → 편물 돌리기

12단: 한길긴뜨기 2번 → 다음 20코에 각각 한길긴뜨기 1번씩 → 다음 코에 한길긴뜨기 2번 → 편물 돌리기

A-G 색상을 순서대로 사용하여 7개의 삼각형 편물을 완성한 후 이를 이어줍니다.

편물 조각 잇기: 각 조각과 어울리는 색의 실과 돗바늘을 이용해서 편물의 뒤쪽에서 앞쪽으로 감치기 하여 잇거나 두 개 조각의 겉과 겉이 마주보게 포개놓은 다음 바깥쪽 머리 사슬 한 가닥만 주워 빼뜨기로 연결합니다.

13단: 조각 편물의 색과 대조되는 색의 실(색상 A)을 골라 삼각형 편물의 끝에서 두 번째 코에 스탠딩 스티치; 도안에서는 사슬 기둥 2개로 표현로 시작 → 다음 코에 한길긴뜨기 2번 → 다음 11코에 각각 한길긴뜨기 1번씩 → 다음 코에 한길긴뜨기 2번 → 실 색상 바꾸기 → ★[다음 11코에 각각 한길긴뜨기 1번씩 → 다음 코에 한길긴뜨기 2번 → 다음 11코에 각각 한길긴뜨기 1번씩 → 다음 코에 한길긴뜨기 2번 → 실 색상 바꾸기]★을 5번 더 반복 → 다시 색상 A로 다음 10코에 각각 한길긴뜨기 1번씩 → 단 마무리 ※ 색상 별로 총 26개의 한길긴뜨기를 뜨게 됨

실 끊고 정리하기

별이 빛나는 만다라

바늘 사이즈 3mm(5호)
완성품 지름 27.5cm

이 만다라의 잔물결 패턴은 아름다운 별 모양을 형성합니다. 중간 중간 흰색 실을 배색하여 차분한 느낌을 유지할 수 있도록 하였습니다.

시작(색상 A): 매직 링 또는 사슬뜨기 4개와 빼뜨기로 기초 링 만들기

1단: 링 안으로 바늘을 넣어 한길긴뜨기 12번 → 단 마무리

2단: ★[한길긴뜨기 1번, 사슬뜨기 2번]→★을 11번 더 반복→단 마무리

기호 설명
○ 사슬뜨기
● 빼뜨기
╪ 한길긴뜨기
▲ 단의 시작점

3단(색상 B): ★[한 코에 한길긴뜨기 1번 • 사슬뜨기 2번 • 한길긴뜨기 1번]→★을 11번 더 반복→단 마무리

4단: ★[2-사슬 공간에 한길긴뜨기 2번 • 사슬뜨기 2번 • 한길긴뜨기 2번]; 셸 생성 →★을 11번 더 반복→ 단 마무리 ※ 한 공간에 여러 번 뜨기를 하면 부채꼴 모양의 패턴이 생기는 데 이것을 '셸'이라고 부름(이후 표시 생략)

5단(색상 A): ★[앞단 셸의 2번째 코에 한길긴뜨기 1번 → 2-사슬 공간에 한길긴뜨기 2번 • 사슬뜨기 2번 • 한길긴뜨기 2번 → 다음 코에 한길긴뜨기 1번 → 다음 2코 건너뛰기]→★을 11번 더 반복→ 단 마무리

6단(색상 C): ★[앞단 셸의 2번째 코에 한길긴뜨기 1번 → 다음 코에 한길긴뜨기 1번 → 2-사슬 공간에 한길긴뜨기 2번 • 사슬뜨기 2번 • 한길긴뜨기 2번 → 다음 2코에 각각 한길긴뜨기 1번씩 → 다음 2코 건너뛰기]→★을 11번 더 반복→ 단 마무리

7단: ★[앞단 셸의 2번째 코에 한길긴뜨기 1번 → 다음 2코에 각각 한길긴뜨기 1번씩 → 2-사슬 공간에서 한길긴뜨기 2번 • 사슬뜨기 2번 • 한길긴뜨기 2번 → 다음 3코에 각각 한길긴뜨기 1번씩 → 다음 2코 건너뛰기]→★을 11번 더 반복→ 단 마무리

8단(색상 A): ★[앞단 셸의 2번째 코에 한길긴뜨기 1번 → 다음 3코에 각각 한길긴뜨기 1번씩 → 2-사슬 공간에 한길긴뜨기 1번 • 사슬뜨기 2번 • 한길긴뜨기 1번 → 다음 4코에 각각 한길긴뜨기 1번씩 → 다음 2코 건너뛰기]→★을 11번 더 반복→ 단 마무리

9단(색상 D): ★[앞단 셸의 2번째 코에 한길긴뜨기 1번 → 다음 3코에 각각 한길긴뜨기 1번씩 → 2-사슬 공간에 한길긴뜨기 2번 • 사슬뜨기 2번 • 한길긴뜨기 2번 → 다음 4코에 각각 한길긴뜨기 1번씩 → 다음 2코 건너뛰기]→★을 11번 더 반복→ 단 마무리

10단: ★[앞단 셸의 2번째 코에 한길긴뜨기 1번 → 다음 4코에 각각 한길긴뜨기 1번씩 → 2-사슬 공간에 한길긴뜨기 2번 • 사슬뜨기 2번 • 한길긴뜨기 2번 → 다음 5코에 각각 한길긴뜨기 1번씩 → 다음 2코 건너뛰기]→★을 11번 더 반복→ 단 마무리

11단(색상 A): ★[앞단 셸의 2번째 코에 한길긴뜨기 1번 → 다음 5코에 각각 한길긴뜨기 1번씩 → 2-사슬 공간에 한길긴뜨기 1번 • 사슬뜨기 2번 • 한길긴뜨기 1번 → 다음 6코에 각각 한길긴뜨기 1번씩 → 다음 2코 건너뛰기]→★을 11번 더 반복→ 단 마무리

12단(색상 E): ★[앞단 셸의 2번째 코에 한길긴뜨기 1번 → 다음 5코에 각각 한길긴뜨기 1번씩 → 2-사슬 공간에 한길긴뜨기 2번 • 사슬뜨기 2번 • 한길긴뜨기 2번 → 다음 6코에 각각 한길긴뜨기 1번씩 → 다음 2코 건너뛰기]→★을 11번 더 반복→ 단 마무리

13단: ★[앞단 셸의 2번째 코에 한길긴뜨기 1번 → 다음 6코에 각각 한길긴뜨기 1번씩 → 2-사슬 공간에 한길긴뜨기 2번 • 사슬뜨기 2번 • 한길긴뜨기 2번 → 다음 7코에 각각 한길긴뜨기 1번씩 → 다음 2코 건너뛰기]→★을 11번 더 반복→ 단 마무리

실 끊고 정리하기

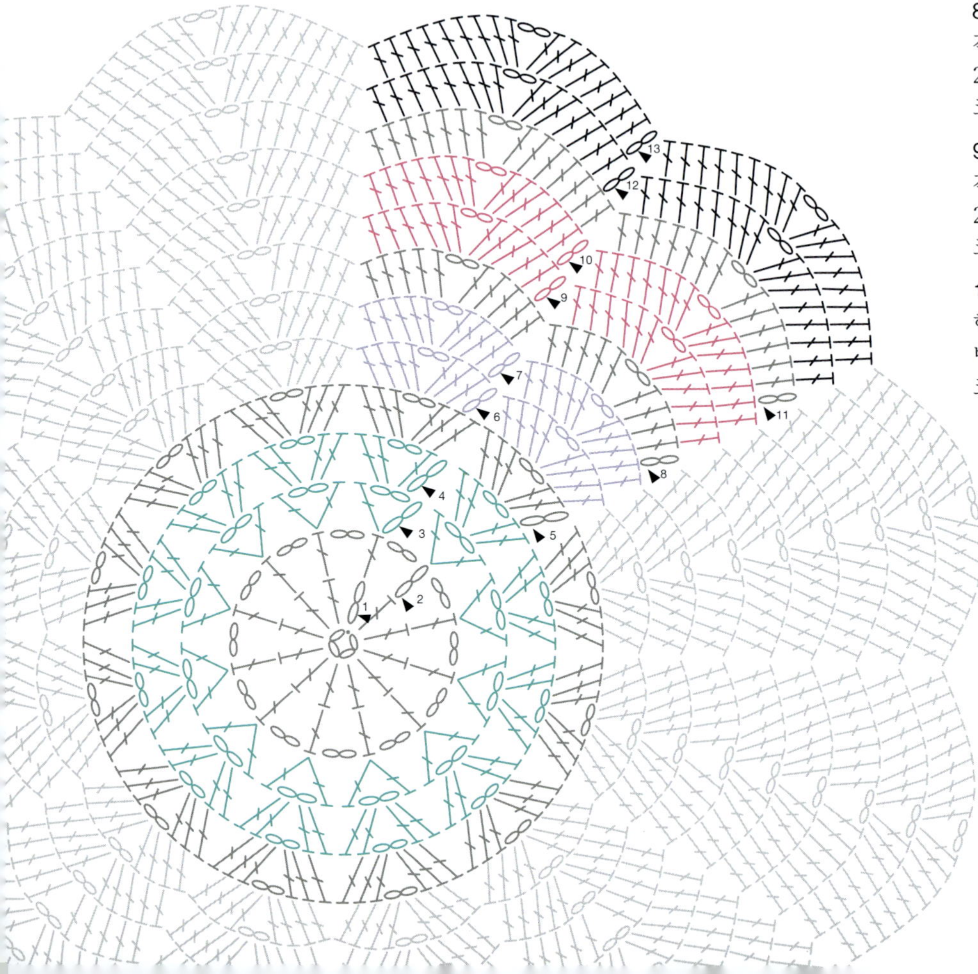

57 별이 빛나는 만다라

사랑스러운 레이스 만다라

바늘 사이즈 3mm(5호)
완성품 지름 19.5cm

만다라라고 해서 빽빽하게만 떠야 하는 건 아닙니다. 이 기발한 디자인은 경쾌하면서도 우아합니다.
시간이 오래 걸리지 않아서 더 좋습니다.

시작(색상 A): 매직 링 또는 사슬뜨기 8개와 빼뜨기로 기초 링 만들기

1단: ★[링 안으로 바늘을 넣어 퍼프 스티치 1번, 사슬뜨기 2번] → ★을 9번 더 반복 → 단 마무리

2단(색상 B): ★[2-사슬 공간에 퍼프 스티치 1번 • 사슬뜨기 1번 • 퍼프 스티치 1번, 사슬뜨기 2번] → ★을 9번 더 반복 → 단 마무리

3단(색상 A): ★[1-사슬 공간에 짧은뜨기 1번, 사슬뜨기 2번 • 2-사슬 공간에 짧은뜨기 1번, 사슬뜨기 2번] → ★을 9번 더 반복 → 단 마무리

4단: ★[2-사슬 공간에 짧은뜨기 2번, 사슬뜨기 1번] → ★을 19번 더 반복 → 단 마무리

5단: ★[1-사슬 공간에 짧은뜨기 1번, 사슬뜨기 3번] → ★을 19번 더 반복 → 단 마무리

6단(색상 B): ★[3-사슬 공간에 한길긴뜨기 3번, 사슬뜨기 1번] → ★을 19번 더 반복 → 단 마무리

7단(색상 A): ★[1-사슬 공간에 짧은뜨기 1번, 사슬뜨기 3번 • 다음 1-사슬뜨기 공간에 짧은뜨기 1번, 사슬뜨기 7번] → ★을 9번 더 반복 → 단 마무리

8단: ★[3-사슬 공간에 짧은뜨기 1번 → 7-사슬 공간에 한길긴뜨기 9번; 셸 생성] → ★을 9번 더 반복 → 단 마무리

9단(색상 B): ★[앞단 셸의 5번째 코에 한길긴뜨기 1번, 사슬뜨기 13번 → 다음 9코 건너뛰기] → ★을 9번 더 반복 → 단 마무리 ※ 한 공간에 여러 번 뜨기를 하면 부채꼴 모양의 패턴이 생기는 데 이것을 '셸'이라고 부름

10단: ★[9단의 한길긴뜨기 코에 짧은뜨기 1번 → 13-사슬 공간에 한길긴뜨기 15번; 셸 생성] → ★을 9번 더 반복 → 단 마무리

11단(색상 A): ★[앞단 셸의 8번째 코에 한길긴뜨기 1번, 사슬뜨기 15번 → 다음 15코 건너뛰기] → ★을 9번 더 반복 → 단 마무리

12단: ★[11단의 한길긴뜨기 코에 짧은뜨기 1번, 사슬뜨기 2번 • 15-사슬 공간에 한길긴뜨기 17번, 사슬뜨기 2번] → ★을 9번 더 반복 → 단 마무리

실 끊고 정리하기

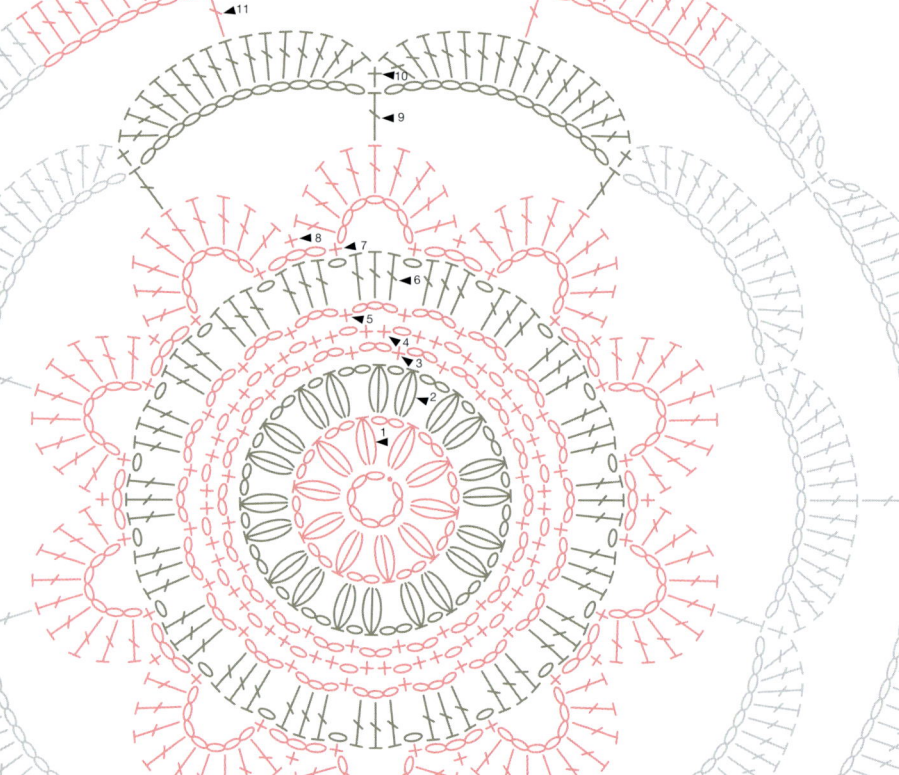

기호 설명
○ 사슬뜨기
● 빼뜨기
+ 짧은뜨기
╁ 한길긴뜨기
◀ 단의 시작점

응용 뜨기(125쪽 참조)
 퍼프 스티치

59 사랑스러운 레이스 만다라

CLASSIC MANDALA

예쁜 패턴 총집합!

바늘 사이즈 3mm(5호)
완성품 지름 37.5cm

이 작품은 꽤 큰 사이즈의 작품이랍니다. 시간과 노력이 많이 든 만큼 성공적이에요! 비교적 선명한 느낌을 주는 색상의 실을 선택했지만, 파스텔 톤을 선택해도 정말 멋질 것 같아요.

시작(색상 A): 매직 링 또는 사슬뜨기 5개와 빼뜨기로 기초 링 만들기

1단: 링 안으로 바늘을 넣어 한길긴뜨기 16번 → 단 마무리

2단: 모든 코에 각각 한길긴뜨기 2번씩 → 단 마무리; 총 32개의 한길긴뜨기

3단: ★[처음 코에 한길긴뜨기 1번 → 다음 코에 한길긴뜨기 2번] → ★을 15번 더 반복 → 단 마무리

4단(색상 B): ★[처음 코에 한길긴뜨기 1번 • 사슬뜨기 2번 • 한길긴뜨기 1번 → 다음 2코 건너뛰기] → ★을 15번 더 반복 → 단 마무리

5단(색상 C): ★[2-사슬 공간에 한길긴뜨기 2번 • 사슬뜨기 2번 • 한길긴뜨기 2번] → ★을 15번 더 반복 → 단 마무리

6단: ★[2-사슬 공간에 한길긴뜨기 5번, 사슬뜨기 1번] → ★을 15번 더 반복 → 단 마무리

7단(색상 D): ★[1-사슬 공간에 짧은뜨기 1번, 사슬뜨기 6번] → ★을 15번 더 반복 → 단 마무리

8단(색상 A): ★[6-사슬 공간에 한길긴뜨기 5번, 사슬뜨기 1번] → ★을 15번 더 반복 → 단 마무리

9단: ★[5코에 각각 짧은뜨기 1번씩 → 1-사슬 공간에 짧은뜨기 1번] → ★을 15번 더 반복 → 단 마무리

10단(색상 B): ★[짧은뜨기 코에 한길긴뜨기 1번(시작은 8단의 1-사슬 공간에 떴던 9단의 짧은뜨기 코에서) • 사슬뜨기 3번 • 한길긴뜨기 1번 → 다음 2코 건너뛰기] → ★을 31번 더 반복 → 단 마무리

11단(색상 E): ★[3-사슬 공간에 한길긴뜨기 1번 • 사슬뜨기 4번 • 한길긴뜨기 1번] → ★을 31번 더 반복 → 단 마무리

12단: ★[4-사슬 공간에 한길긴뜨기 2번 • 사슬뜨기 2번 • 한길긴뜨기 2번] → ★을 31번 더 반복 → 단 마무리

13단(색상 D): ★[2-사슬 공간에 한길긴뜨기 2번 • 사슬뜨기 3번 • 한길긴뜨기 2번] → ★을 31번 더 반복 → 단 마무리

14단(색상 E): ★[3-사슬 공간에 한길긴뜨기 5번, 사슬뜨기 1번] → ★을 31번 더 반복 → 단 마무리

15단(색상 F): ★[1-사슬 공간에 짧은뜨기 1번, 사슬뜨기 6번] → ★을 31번 더 반복 → 단 마무리

16단(색상 A): ★[6-사슬 공간에 한길긴뜨기 6번, 사슬뜨기 1번] → ★을 31번 더 반복 → 단 마무리

17단(색상 G): ★[1-사슬 공간에 짧은뜨기 1번, 사슬뜨기 7번] → ★을 31번 더 반복 → 단 마무리

18단(색상 E): ★[7-사슬 공간에 한길긴뜨기 7번, 사슬뜨기 1번] → ★을 31번 더 반복 → 단 마무리

19단: ★[7코에 각각 짧은뜨기 1번씩 → 1-사슬 공간에 짧은뜨기 1번] → ★을 31번 더 반복 → 단 마무리

20단: ★[짧은뜨기 코에 한길긴뜨기 1번(시작은 18단의 1-사슬 공간에 떴던 19단의 짧은뜨기 코에서) • 사슬뜨기 2번 • 한길긴뜨기 1번] → ★을 63번 더 반복 → 단 마무리

21단: ★[2-사슬 공간에 한길긴뜨기 1번 • 사슬뜨기 3번 • 한길긴뜨기 1번] → ★을 63번 더 반복 → 단 마무리

22단: ★[2-사슬 공간에 한길긴뜨기 1번 • 사슬뜨기 3번 • 한길긴뜨기 1번] → ★을 63번 더 반복 → 단 마무리

23단: ★[2-사슬 공간에 한길긴뜨기 1번 • 사슬뜨기 4번 • 한길긴뜨기 1번] → ★을 63번 더 반복 → 단 마무리

24단: ★[2-사슬 공간에 한길긴뜨기 1번 • 사슬뜨기 4번 • 한길긴뜨기 1번] → ★을 63번 더 반복 → 단 마무리

실 끊고 정리하기

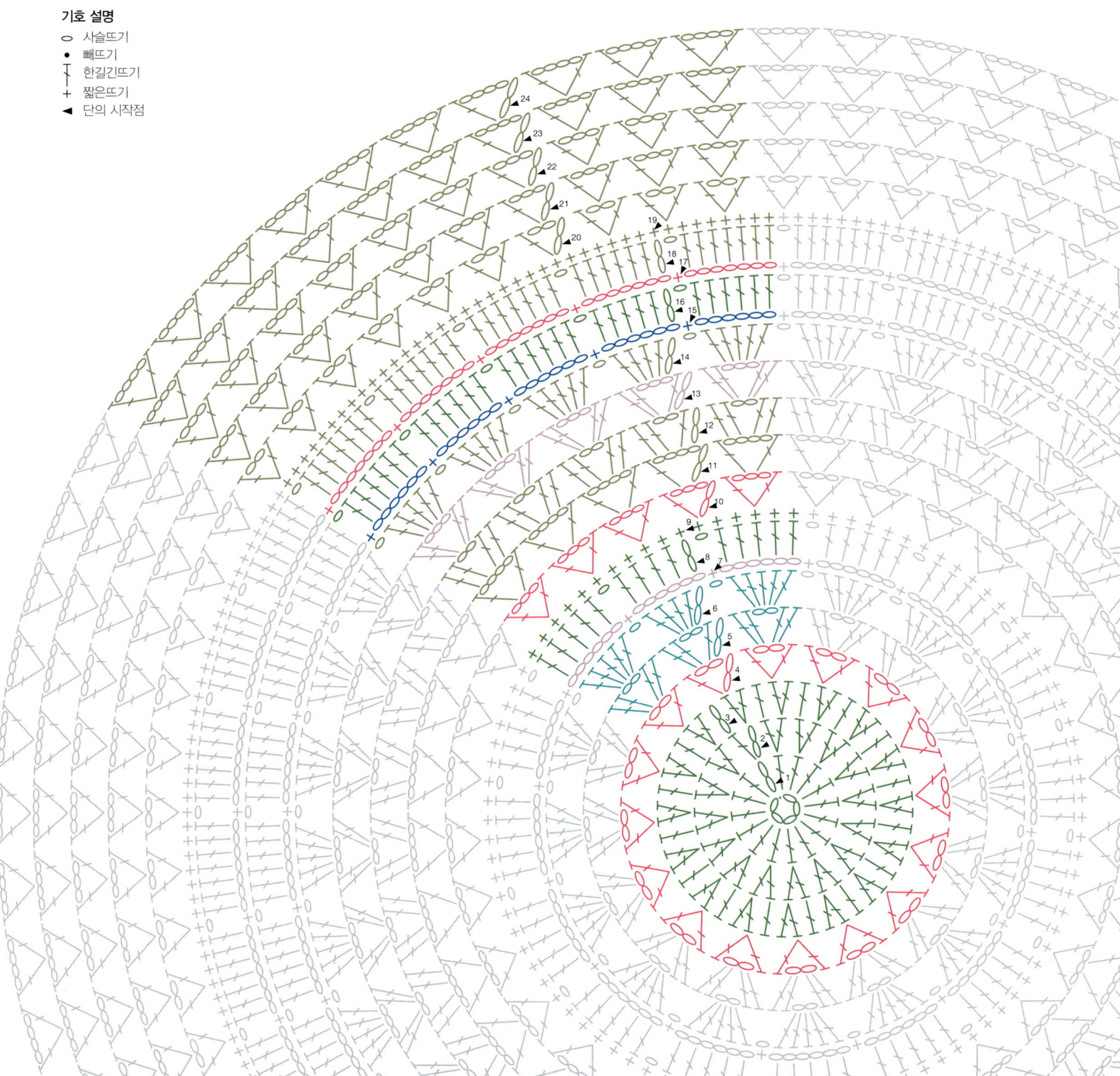

예쁜 패턴 총집합!
(60쪽)

바스켓 위브 만다라
(64쪽)

바스켓 위브 만다라

바늘 사이즈 3.5mm(6호)
완성품 지름 18.5cm

이 패턴은 바구니를 엮는 듯 입체감이 도드라진 패턴입니다. 보기에는 어려워 보이지만 제공해드린 도안과 지시문을 함께 보면서 차근차근 떠 보세요. 나만의 독특한 만다라를 완성할 수 있습니다.

Note
도안에서는 구분하기 쉽도록 색상 수를 추가하여 설명하였습니다.

시작(색상 A): 매직 링 또는 사슬뜨기 5개와 빼뜨기로 기초 링 만들기

1단: [링 안으로 바늘을 넣어 한길긴뜨기 1번, 사슬뜨기 1번] → ★을 11번 더 반복 → 단 마무리

2단(색상 B): ★[한길긴뜨기 1번 → 1-사슬 공간에 한길긴뜨기 2번] → ★을 11번 더 반복 → 단 마무리

3단(색상 A): ★[2단의 한길긴뜨기 3개 코에 각각 머리 사슬 뒤쪽 한 가닥 주워; 이하 '뒤쪽 반 코'라 함 짧은뜨기 1번씩 → 1단의 한길긴뜨기 코에 두길긴뜨기 앞걸어뜨기 1번] → ★을 11번 더 반복 → 단 마무리

4단(색상 B): [3단의 두길긴뜨기 코에 뒤쪽 반 코 한길긴뜨기 2번 → 2단의 한길긴뜨기 2개 코에 각각 머리 사슬 앞쪽 한 가닥 주워; 이하 '앞쪽 반 코'라 함 한길긴뜨기 1번씩] → ★을 11번 더 반복 → 단 마무리

5단(색상 A): ★[4단의 앞쪽 반 코 한길긴뜨기 2개 코에 각각 뒤쪽 반 코 짧은뜨기 1번씩 → 3단의 두길긴뜨기 코에 두길긴뜨기 앞걸어뜨기 3번] → ★을 11번 더 반복 → 단 마무리

6단(색상 B): (모두 4단의 코를 이용해 뜨기) ★[5단의 두길긴뜨기 블록 사이에 있는 4단의 한길긴뜨기 2개 코에 각각 앞쪽 반 코 한길긴뜨기 1개씩 → 다음 코에 뒤쪽 반 코 한길긴뜨기 1번(5단의 두길긴뜨기 3개 뒤에서 뜨기) → 다음 코에 뒤쪽 반 코 한길긴뜨기 2번(5단의 두길긴뜨기 3개 뒤에서 뜨기)] → ★을 11번 더 반복 → 단 마무리

7단: ★[6단의 앞쪽 반 코 한길긴뜨기 2개 코에 각각 한길긴뜨기 앞걸어뜨기 1번씩 → 다음 3코에 각각 한길긴뜨기 뒤걸어뜨기 1번씩] → ★을 11번 더 반복 → 단 마무리

8단: ★[7단의 한길긴뜨기 앞걸어뜨기 블록 중 첫 번째 한길긴뜨기 앞걸어뜨기 코에 한길긴뜨기 앞걸어뜨기 1번 → 다음 한길긴뜨기 1번 • 한길긴뜨기 앞걸어뜨기 1번 → 다음 3코에 각각 한길긴뜨기 뒤걸어뜨기 1번씩] → ★을 11번 더 반복 → 단 마무리

※ 이후 모두 앞단의 한길긴뜨기 앞/뒤걸어뜨기 블록 중 첫 번째 한길긴뜨기 앞/뒤걸어뜨기 코부터 뜨게 됨(이후 표시 생략)

9단: ★[한길긴뜨기 앞걸어뜨기 1번 → 다음 코에 한길긴뜨기 1번 • 한길긴뜨기 앞걸어뜨기 1번(8단에서 한길긴뜨기 앞걸어뜨기 사이에 떴던 한길긴뜨기 코는 놓치기 쉬우므로 주의할 것) → 다음 코에 한길긴뜨기 앞걸어뜨기 1번 → 다음 3코에 각각 한길긴뜨기 뒤걸어뜨기 1번씩] → ★을 11번 더 반복 → 단 마무리

10단: ★[한길긴뜨기 앞걸어뜨기 1번 → {다음 코에 한길긴뜨기 1번 • 한길긴뜨기 앞걸어뜨기 1번}×2 → 다음 4코에 각각 한길긴뜨기 뒤걸어뜨기 1번씩] → ★을 11번 더 반복 → 단 마무리

11단: ★[5코에 각각 한길긴뜨기 앞걸어뜨기 1번씩 → 다음 4코에 각각 한길긴뜨기 뒤걸어뜨기 1번씩] → ★을 11번 더 반복 → 단 마무리

12단: ★[2코에 각각 한길긴뜨기 앞걸어뜨기 1번씩 → 다음 코에 한길긴뜨기 1번 • 한길긴뜨기 앞걸어뜨기 1번 → 다음 2코에 각각 한길긴뜨기 앞걸어뜨기 1번씩 → 다음 4코에 각각 한길긴뜨기 뒤걸어뜨기 1번씩] → ★을 11번 더 반복 → 단 마무리

13단: ★[한길긴뜨기 앞걸어뜨기 1번 → 다음 코에 한길긴뜨기 1번 • 한길긴뜨기 앞걸어뜨기 1번 → 다음 2코에 각각 한길긴뜨기 앞걸어뜨기 1번씩 → 다음 6코에 각각 한길긴뜨기 뒤걸어뜨기 1번씩] → ★을 11번 더 반복 → 단 마무리

14단(색상 A): ★[5코에 각각 긴뜨기 앞걸어뜨기 1번씩 → 다음 6코에 각각 긴뜨기 뒤걸어뜨기 1번씩] → ★을 11번 더 반복 → 단 마무리

실 끊고 정리하기

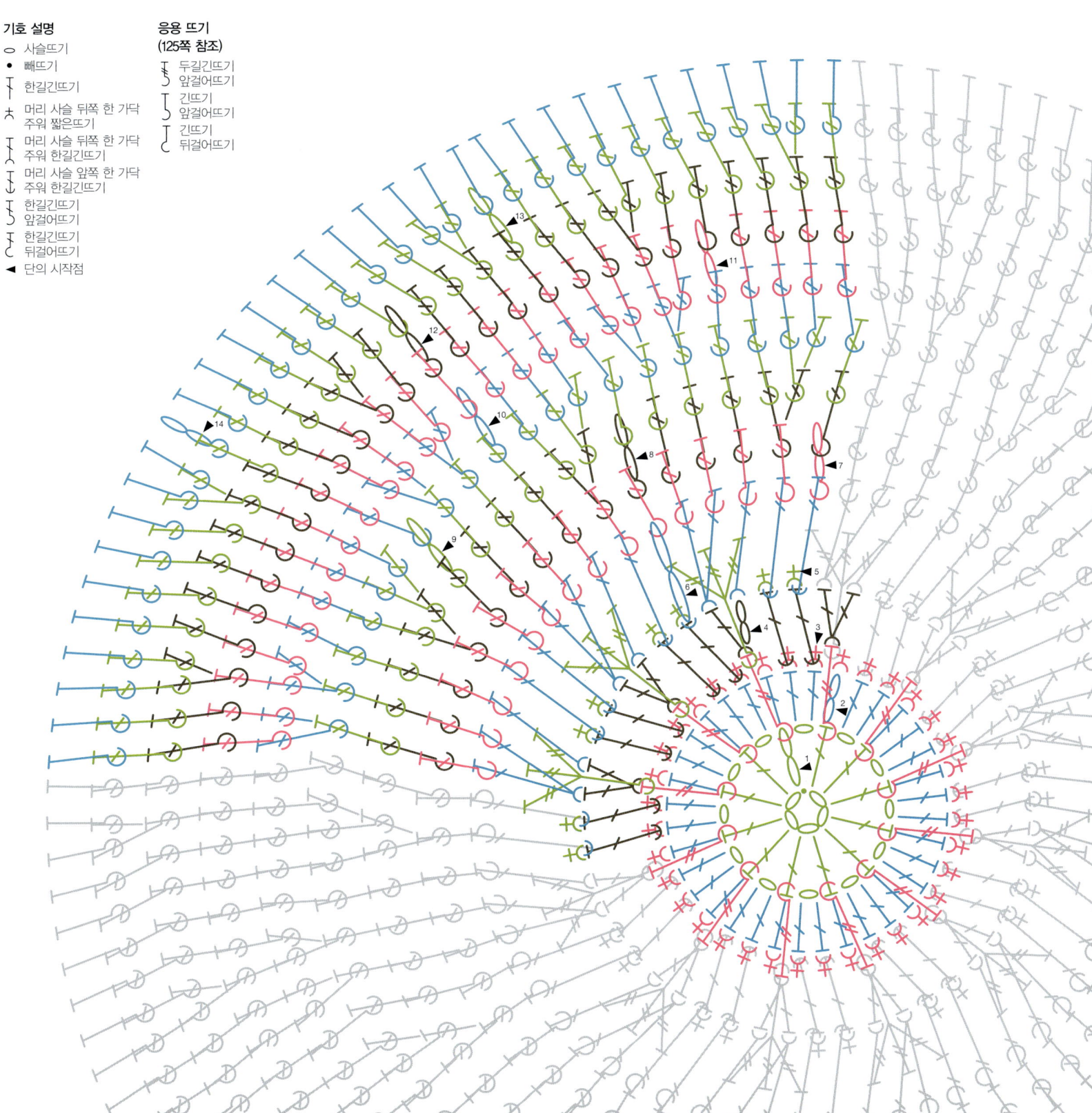

조개 모양 만다라

개인적으로 매우 좋아하는 패턴 중 하나입니다. 조개 모양의 모티프가 중첩되면서 확장해나가는 모양과 질감이 매우 사랑스러워요. 특히 테두리를 매우 지혜롭게 마감하였습니다.

바늘 사이즈 3.5mm(6호)
완성품 지름 18.5cm

시작(색상 A): 매직 링 또는 사슬뜨기 10개와 빼뜨기로 기초 링 만들기

1단: 링 안으로 바늘을 넣어 한길긴뜨기 24번

2단(색상 B): ★[한길긴뜨기 1번, 사슬뜨기 1번]→★을 23번 더 반복→ 단 마무리

3단(색상 C): ★[짧은뜨기 1번 → 다음 코에 한길긴뜨기 3번; 셀 생성]→★을 11번 더 반복→ 단 마무리

4단(색상 B): ★[3단에서 생성된 셀의 두 번째 한길긴뜨기 코에 짧은뜨기 1번 → 다음 코 건너뛰기 → 3단의 짧은뜨기 코에 한길긴뜨기 5번; 셀 생성 → 다음 코 건너뛰기]→★을 11번 더 반복→ 단 마무리

5단(색상 A): ★[4단에서 생성된 셀의 세 번째 한길긴뜨기 코에 짧은뜨기 1번 → 다음 2코 건너뛰기 → 4단의 짧은뜨기 코에 한길긴뜨기 5번; 셀 생성 → 다음 2코 건너뛰기]→★을 11번 더 반복→ 단 마무리 ※ 한길긴뜨기를 여러 번 떠서 셀 모양을 만드는 곳은 모두 앞단의 짧은뜨기 코임(이후 표시 생략)

6단(색상 C): ★[5단에서 생성된 셀의 세 번째 한길긴뜨기 코에 짧은뜨기 1번 → 다음 2코 건너뛰기 → 다음 코에 한길긴뜨기 7번; 셀 생성 → 다음 2코 건너뛰기]→★을 11번 더 반복→ 단 마무리

7단(색상 B): ★[6단에서 생성된 셀의 네 번째 한길긴뜨기 코에 짧은뜨기 1번 → 다음 3코 건너뛰기 → 다음 코에 한길긴뜨기 7번; 셀 생성 → 다음 3코 건너뛰기]→★을 11번 더 반복→ 단 마무리

8단(색상 A): ★[7단에서 생성된 셀의 네 번째 한길긴뜨기 코에 짧은뜨기 1번 → 다음 3코 건너뛰기 → 다음 코에 두길긴뜨기 7번; 셀 생성 → 다음 3코 건너뛰기]→★을 11번 더 반복→ 단 마무리

9단(색상 C): ★[8단에서 생성된 셀의 네 번째 두길긴뜨기 코에 짧은뜨기 1번 → 다음 3코 건너뛰기 → 다음 코에 두길긴뜨기 9번; 셀 생성 → 다음 3코 건너뛰기]→★을 11번 더 반복→ 단 마무리

10단(색상 B): ★[9단에서 생성된 셀의 다섯 번째 두길긴뜨기 코에 짧은뜨기 1번, 사슬뜨기 2번 → 다음 4코 건너뛰기 → 다음 코에 {두길긴뜨기 1번, 사슬뜨기 1번}×6・두길긴뜨기 1번, 사슬뜨기 2번 → 다음 4코 건너뛰기]→★을 11번 더 반복→ 단 마무리

11단(색상 C): ★[긴뜨기 뒤걸어뜨기 1번, 사슬뜨기 2번 → {다음 코에 긴뜨기 뒤걸어뜨기 1번, 사슬뜨기 1번}×6 → 긴뜨기 뒤걸어뜨기 1번, 사슬뜨기 2번]→★을 11번 더 반복→ 단 마무리

실 끊고 정리하기

기호 설명

○ 사슬뜨기
● 빼뜨기
╋ 한길긴뜨기
＋ 짧은뜨기
╪ 두길긴뜨기
◀ 단의 시작점

응용 뜨기 (125쪽 참조)

⌐ 긴뜨기 뒤걸어뜨기

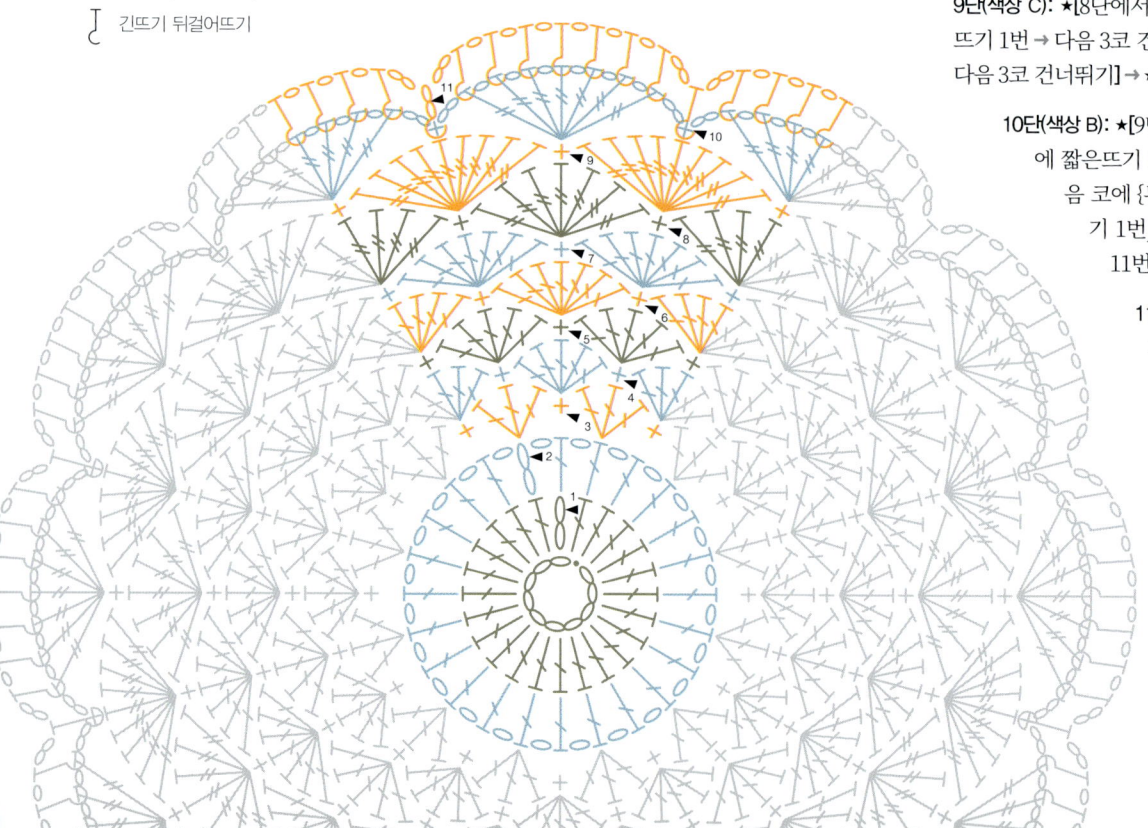

67 조개 모양 만다라

CLASSIC MANDALA

팝콘이 팡팡

구멍 뚫린 패턴과 팝콘 뜨기는 정말 놀라운 조화를 이룹니다. 색만 잘 배치하면 정말 매력적이고 예쁜 만다라가 완성됩니다.

바늘 사이즈 3mm(5호)
완성품 지름 19cm

시작(색상 A): 매직 링 또는 사슬뜨기 5개와 빼뜨기로 기초 링 만들기

1단: ★[링 안으로 바늘을 넣어 한길긴뜨기 1번, 사슬뜨기 1번] → ★을 11번 더 반복 → 단 마무리

2단(색상 B): ★[1-사슬 공간에 한길긴뜨기 2코 구슬뜨기 1번, 사슬뜨기 2번] → ★을 11번 더 반복 → 단 마무리

3단(색상 C): ★[2-사슬 공간에 팝콘 뜨기 1번, 사슬뜨기 4번] → ★을 11번 더 반복 → 단 마무리

4단(색상 B): ★[4-사슬 공간에 한길긴뜨기 5번 → 3단의 팝콘 뜨기 한 곳에 한길긴뜨기 1번] → ★을 11번 더 반복 → 단 마무리

5단: ★[3단의 팝콘 뜨기 한 곳과 같은 선 상에 있는 4단의 한길긴뜨기 코에 한길긴뜨기 1번, 사슬뜨기 7번 → 다음 5코 건너뛰기] → ★을 11번 더 반복 → 단 마무리

6단: ★[짧은뜨기 1번 → 7-사슬 공간에 짧은뜨기 7번] → ★을 11번 더 반복 → 단 마무리

7단(색상 A): 모든 코에 각각 머리 사슬 뒤쪽 한 가닥 주워 한길긴뜨기 1번씩 → 단 마무리

8단(색상 B): ★[7코에 각각 짧은뜨기 1번씩 → 다음 코에 짧은뜨기 2번] → ★을 11번 더 반복 → 단 마무리

9단: ★[8단의 짧은뜨기 코에 한길긴뜨기 2코 구슬뜨기 1번, 사슬뜨기 2번 → 다음 코 건너뛰기] → ★을 53번 더 반복 → 단 마무리

10단(색상 C): ★[2-사슬 공간에 팝콘 뜨기 1번, 사슬뜨기 2번] → ★을 53번 더 반복 → 단 마무리

11단(색상 B): ★[10단의 팝콘 뜨기 한 곳에 한길긴뜨기 1번 → 2-사슬 공간에 한길긴뜨기 2번] → ★을 53번 더 반복 → 단 마무리

실 끊고 정리하기

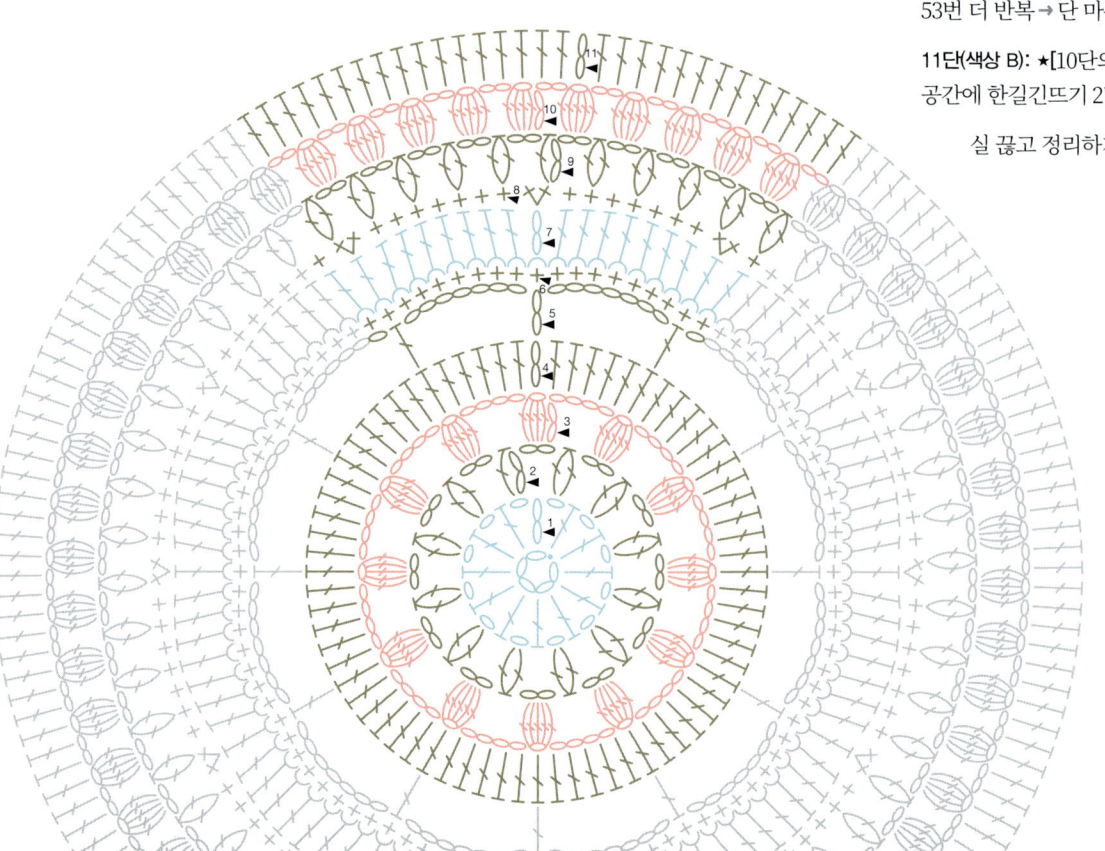

기호 설명
○ 사슬뜨기
● 빼뜨기
┼ 한길긴뜨기
◊ 한길긴뜨기 2코 구슬뜨기
+ 짧은뜨기
┃ 머리 사슬 뒤쪽 한 가닥 주워 한길긴뜨기
▶ 단의 시작점

응용 뜨기(125쪽 참조)
⊕ 팝콘 뜨기

69 팝콘이 팡팡

앙증맞은 데이지

바늘 사이즈 3mm(5호)
완성품 지름 20.5cm

비교적 뜨기 쉬우면서도 예뻐서 가장 사랑받는 패턴 중 하나입니다. 구슬뜨기와 모아뜨기를 적절히 배합하여 떴으며 실은 그라데이션 효과를 주는 색상을 선택하였습니다.

시작(색상 A): 매직 링 또는 사슬뜨기 5개와 빼뜨기로 기초 링 만들기

1단: 링 안으로 바늘을 넣어 짧은뜨기 12번 → 단 마무리

2단(색상 B): ★[사슬뜨기 13번 → 다음 코에 빼뜨기] → ★을 11번 더 반복 → 단 마무리

3단(색상 C): ★[13-사슬 공간에 짧은뜨기 1번, 사슬뜨기 5번] → ★을 11번 더 반복 → 단 마무리

4단: ★[5-사슬 공간에 한길긴뜨기 4코 구슬뜨기 • 사슬뜨기 3번 • 한길긴뜨기 4코 구슬뜨기, 사슬뜨기 3번] → ★을 11번 더 반복 → 단 마무리

5단(색상 D): ★[3-사슬 공간에 한길긴뜨기 3번 → 한길긴뜨기 4코 구슬뜨기 코에 한길긴뜨기 1번] → ★을 23번 더 반복 → 단 마무리

6단(색상 C): ★[4단에서 한길긴뜨기 4코 구슬뜨기한 코와 같은 선 상의 코에 짧은뜨기 1번, 사슬뜨기 4번 → 다음 3코 건너뛰기] → ★을 23번 더 반복 → 단 마무리

7단(색상 D): ★[4-사슬 공간에 한길긴뜨기 4번, 사슬뜨기 1번] → ★을 23번 더 반복 → 단 마무리

8단(색상 E): ★[한길긴뜨기 4코 모아뜨기, 사슬뜨기 5번] → ★을 23번 더 반복 → 단 마무리

9단(색상 D): ★[5-사슬 공간에 한길긴뜨기 4코 구슬뜨기 • 사슬뜨기 3번 • 한길긴뜨기 4코 구슬뜨기, 사슬뜨기 3번 → 다음 코 건너뛰기] → ★을 23번 더 반복 → 단 마무리

10단: ★[3-사슬 공간에(9단의 구슬뜨기 블록 사이자 8단의 한길긴뜨기 4코 모아뜨기와 같은 선 상에 있는) 짧은뜨기 1번 → 다음 3-사슬 공간에 한길긴뜨기 7번] → ★을 23번 더 반복 → 단 마무리

실 끊고 정리하기

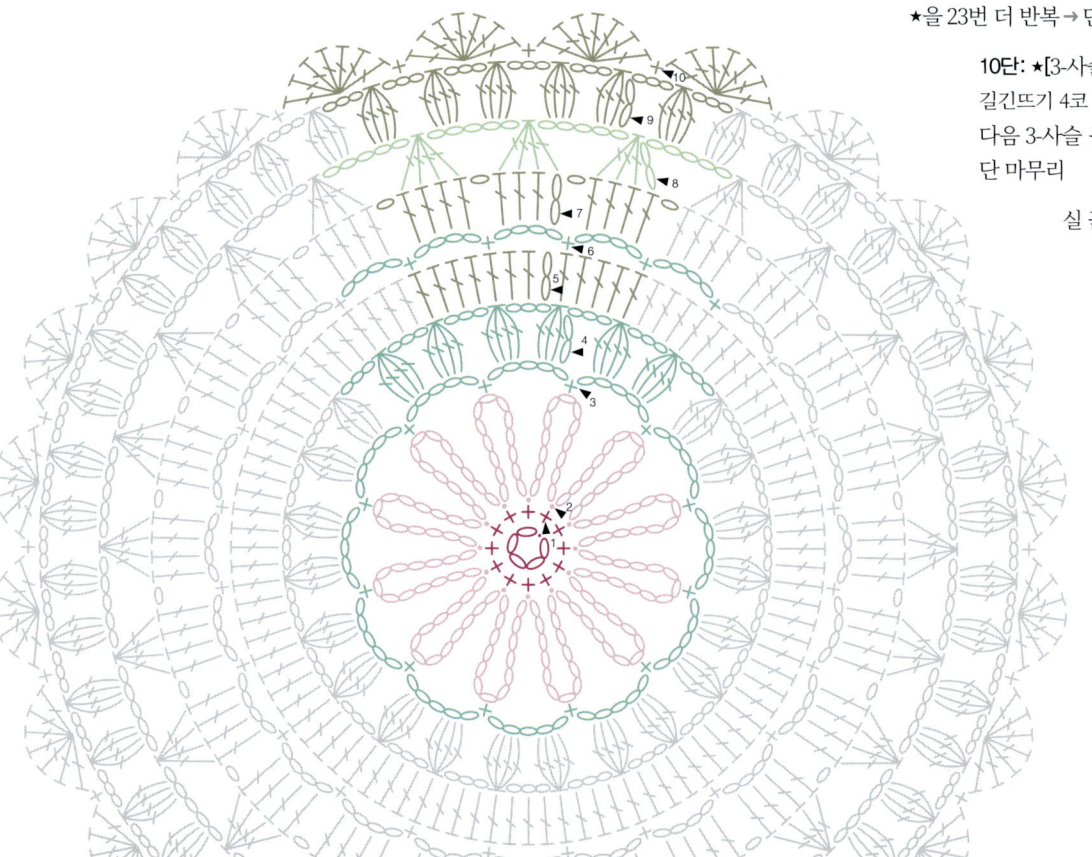

기호 설명

○ 사슬뜨기
● 빼뜨기
+ 짧은뜨기
⚹ 한길긴뜨기 4코 구슬뜨기
⚹ 한길긴뜨기 4코 모아뜨기
┼ 한길긴뜨기
◂ 단의 시작점

71 앙증맞은 데이지

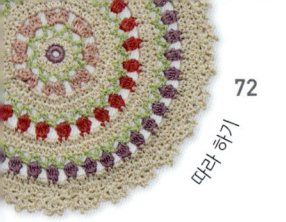

FLOWER MANDALA

튤립 만다라

바늘 사이즈 3mm(5호)
완성품 지름 24cm

만다라 패턴 리스트에 튤립 패턴이 없다면 완전하지 못하고 무언가가 빠진 것 같은 아쉬움이 남을 거예요. 한 송이의 꽃을 피우듯이 어울리는 색상의 실을 골라서 즐겁게 떠보세요.

시작(색상 A): 매직 링 또는 사슬뜨기 6개와 빼뜨기로 기초 링 만들기

1단: 링 안으로 바늘을 넣어 짧은뜨기 12번 → 단 마무리

2단(색상 B): 모든 코에 각각 긴뜨기 2번씩 → 단 마무리

3단(색상 C): ★[한길긴뜨기 1번 • 사슬뜨기 4번 • 한길긴뜨기 1번 → 다음 2코 건너뛰기]→★을 7번 더 반복→ 단 마무리

4단(색상 D): ★[4-사슬 공간에 한길긴뜨기 3코 구슬뜨기 • 사슬뜨기 3번 • 한길긴뜨기 3코 구슬뜨기, 사슬뜨기 3번]→★을 7번 더 반복→ 단 마무리

5단(색상 B): ★[3-사슬 공간에 긴뜨기 3번 → 4단의 한길긴뜨기 3코 구슬뜨기한 곳에 긴뜨기 1번]→★을 15번 더 반복→ 단 마무리

6단: ★[7코에 각각 긴뜨기 1번씩 → 다음 코에 긴뜨기 2번]→★을 7번 더 반복→ 단 마무리

7단(색상 C): ★[한길긴뜨기 1번 • 사슬뜨기 3번 • 한길긴뜨기 1번 → 다음 2코 건너뛰기]→★을 23번 더 반복→ 단 마무리

8단(색상 E): ★[3-사슬 공간에 한길긴뜨기 4코 구슬뜨기, 사슬뜨기 4번]→★을 23번 더 반복→ 단 마무리

9단(색상 B): ★[8단의 한길긴뜨기 4코 구슬뜨기 코에 긴뜨기 1번 → 4-사슬 공간에 긴뜨기 4번]→★을 23번 더 반복→ 단 마무리

10단: 모든 코에 각각 긴뜨기 1번씩 → 단 마무리

11단(색상 C): ★[한길긴뜨기 1번 • 사슬뜨기 2번 • 한길긴뜨기 1번 → 다음 2코 건너뛰기]→★을 39번 더 반복→ 단 마무리

12단(색상 F): ★[2-사슬 공간에 한길긴뜨기 4코 구슬뜨기, 사슬뜨기 4번]→★을 39번 더 반복→ 단 마무리

13단(색상 B): ★[12단의 한길긴뜨기 4코 구슬뜨기 코에 긴뜨기 1번 → 4-사슬 공간에 긴뜨기 3번]→★을 39번 더 반복→ 단 마무리

14단: [7코에 각각 긴뜨기 1번씩 → 다음 코에 긴뜨기 2번]→★을 19번 반복→ 단 마무리

15단: ★[짧은뜨기 1번 → 다음 2코 건너뛰기 → 다음 코에 {한길긴뜨기 1번 • 3-피코뜨기 1번 • 사슬뜨기1번}×3 • 한길긴뜨기 1번 → 다음 2코 건너뛰기]→★을 29번 더 반복→ 단 마무리 → 실 끊고 정리하기

기호 설명
- ⌒ 사슬뜨기
- • 빼뜨기
- + 짧은뜨기
- T 긴뜨기
- ⋔ 한길긴뜨기 3코 구슬뜨기
- ⊤ 한길긴뜨기
- ⋔ 한길긴뜨기 4코 구슬뜨기
- ◀ 단의 시작점

응용 뜨기(125쪽)
- ⊛ 3-피코뜨기

73 튤립 만다라

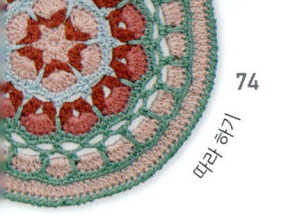

아프리칸 플라워 만다라

FLOWER MANDALA

바늘 사이즈 3mm(5호)
완성품 지름 18.5cm

아프리칸 플라워는 대비되는 강렬한 색상을 조합하여 뜹니다. 배색을 어떻게 하느냐에 따라 그 느낌이 많이 달라지므로 신중하게 실을 선택하세요.

시작(색상 A): 매직 링 또는 사슬뜨기 5개와 빼뜨기로 기초 링 만들기

1단: ★[링 안으로 바늘을 넣어 한길긴뜨기 2번, 사슬뜨기 1번]→★을 5번 더 반복→단 마무리

2단(색상 B): 1-사슬 공간 각각에 한길긴뜨기 2번•사슬뜨기 1번•한길긴뜨기 2번→단 마무리

3단(색상 A): 1-사슬 공간 각각에 한길긴뜨기 7번씩→단 마무리

4단(색상 C): ★7코에 각각 짧은뜨기 1번→2단의 한길긴뜨기 블록이 만나는 곳에 긴 짧은뜨기;실을 길게 빼서 뜨는 짧은뜨기 1번→★을 5번 더 반복→단 마무리

5단: ★[4단의 긴 짧은뜨기 코에 짧은뜨기 1번, 사슬뜨기 4번→다음 3코 건너뛰기→4단의 다음 짧은뜨기 코에 짧은뜨기 1번, 사슬뜨기 4번→다음 3코 건너뛰기]→★을 5번 더 반복→단 마무리

6단(색상 B): 4-사슬 공간 각각에 한길긴뜨기 2번•사슬뜨기 2번•한길긴뜨기 2번→단 마무리

7단(색상 D): 2-사슬 공간 각각에 한길긴뜨기 7번씩→단 마무리

8단(색상 B): ★[7코 각각에 짧은뜨기 1번씩→6단의 한길긴뜨기 블록이 만나는 곳에 긴 짧은뜨기 1번]→★을 11번 더 반복→단 마무리

9단: ★[8단의 긴 짧은뜨기 코에 짧은뜨기 1번, 사슬뜨기 4번→다음 3코 건너뛰기→다음 코에 짧은뜨기 1번, 사슬뜨기 4번→다음 3코 건너뛰기]→★을 11번 더 반복→단 마무리

10단: ★[4-사슬 공간에 짧은뜨기 1번, 사슬뜨기 5번]→★을 23번 더 반복→단 마무리

11단(색상 A): 5-사슬 공간 각각에 한길긴뜨기 5번씩→단 마무리

12단(색상 E): ★[5코 각각에 짧은뜨기 1번씩→10단의 짧은뜨기 코에 긴 짧은뜨기 1번]→★을 23번 더 반복→단 마무리

13단(색상 A): 모든 코에 각각 머리 사슬 뒤쪽 한 가닥 주워 한길긴뜨기 1번씩→단 마무리

14단(색상 E): 모든 코에 각각 되돌려 짧은뜨기 1번씩→단 마무리

실 끊고 정리하기

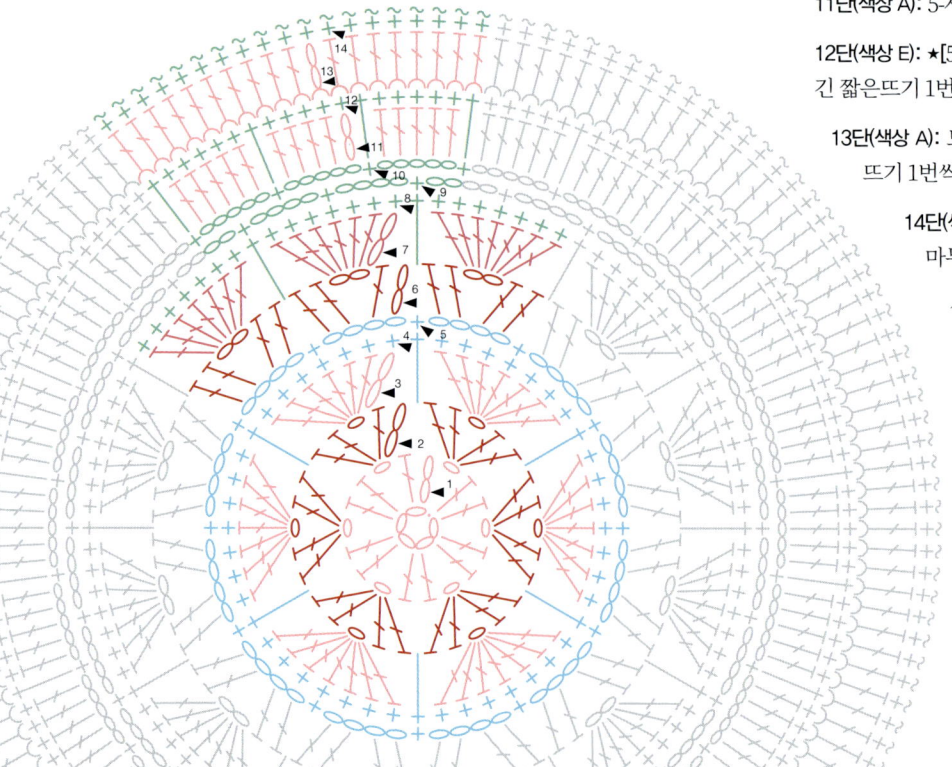

기호 설명

- ○ 사슬뜨기
- ● 빼뜨기
- ╤ 한길긴뜨기
- + 짧은뜨기
- 머리 사슬 뒤쪽 한 가닥 주워 한길긴뜨기
- ▶ 단의 시작점

응용 뜨기(125쪽 참조)

- 되돌려 짧은뜨기

75 아프리칸 플라워 만다라

FLOWER MANDALA

오리엔탈 릴리 만다라

바늘 사이즈 3mm(5호)
완성품 지름 19.5cm

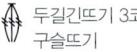

만약 작은 크기의 원 모티브를 찾고 있다면 이 패턴의 중심(5단까지) 부분은 그것만으로도 완성도 있는 패턴이므로 활용하면 좋아요.

기호 설명
- ○ 사슬뜨기
- ● 빼뜨기
- ✦ 두길긴뜨기 3코 구슬뜨기
- ⋏ 머리 사슬 뒤쪽 한 가닥 주워 짧은뜨기
- ✛ 짧은뜨기
- ✝ 한길긴뜨기
- ◀ 단의 시작점

시작(색상 A): 매직 링 또는 사슬뜨기 6개와 빼뜨기로 기초 링 만들기

1단: ★[링 안으로 바늘을 넣어 두길긴뜨기 3코 구슬뜨기, 사슬뜨기 3번]→을 7번 더 반복→단 마무리

2단(색상 B): ★[3-사슬 공간에 두길긴뜨기 3코 구슬뜨기 · 사슬뜨기 3번 · 두길긴뜨기 3코 구슬뜨기, 사슬뜨기 3번]→을 7번 더 반복→단 마무리

3단: ★[3-사슬 공간에 짧은뜨기 3번 → 두길긴뜨기 3코 구슬뜨기한 곳에 짧은뜨기 1번]→을 15번 더 반복→단 마무리

4단(색상 C): 모든 코에 각각 머리 사슬 뒤쪽 한 가닥 주워 짧은뜨기 1번씩→단 마무리

5단(색상 B): 모든 코에 각각 머리 사슬 뒤쪽 한 가닥 주워 짧은뜨기 1번씩→단 마무리

6단: ★[짧은뜨기 1번, 사슬뜨기 5번 → 다음 3코 건너뛰기]→을 15번 더 반복→단 마무리

7단(색상 D): ★[5-사슬 공간에 짧은뜨기 1번, 사슬뜨기 2번 → 다음 5-사슬 공간에 한길긴뜨기 9번;셸 생성, 사슬뜨기 2번]→★을 7번 더 반복→단 마무리

8단: ★[7단에서 생성된 셸의 첫 번째 한길긴뜨기 코에 짧은뜨기 1번, 사슬뜨기 5번 → 다음 3코 건너뛰기 → 짧은뜨기 1번, 사슬뜨기 5번 → 다음 3코 건너뛰기 → 다음 코에 짧은뜨기 1번, 사슬뜨기 5번 → 다음 코 건너뛰기]→★을 7번 더 반복→단 마무리

9단: ★[5-사슬 공간에 짧은뜨기 1번, 사슬뜨기 5번 → 다음 5-사슬 공간에 짧은뜨기 1번, 사슬뜨기 2번 → 다음 5-사슬 공간에 한길긴뜨기 9번;셸 생성]→★을 7번 더 반복→단 마무리

10단: ★[9단에서 생성된 셸의 처음 코에 한길긴뜨기 2번 → {다음 3코에 각각 한길긴뜨기 1번씩 → 다음 코에 한길긴뜨기 2번}×2, 사슬뜨기 1번 → 다음 5-사슬 공간에 한길긴뜨기 1번 · 사슬뜨기 3번 · 한길긴뜨기 1번, 사슬뜨기 1번]→★을 7번 더 반복→단 마무리

11단: ★[10단에서 생성된 셸의 처음 코에 한길긴뜨기 2번 → 다음 10코에 각각 한길긴뜨기 1번씩 → 다음 코에 한길긴뜨기 2번, 사슬뜨기 1번 → 3-사슬 공간에 한길긴뜨기 1번 · 사슬뜨기 3번 · 한길긴뜨기 1번, 사슬뜨기 1번]→★을 7번 더 반복→단 마무리

12단: ★[14코에 각각 짧은뜨기 1번씩, 사슬뜨기 3번 → 3-사슬 공간에 한길긴뜨기 1번 · 사슬뜨기 3번 · 한길긴뜨기 1번, 사슬뜨기 3번]→★을 7번 더 반복→단 마무리

실 끊고 정리하기

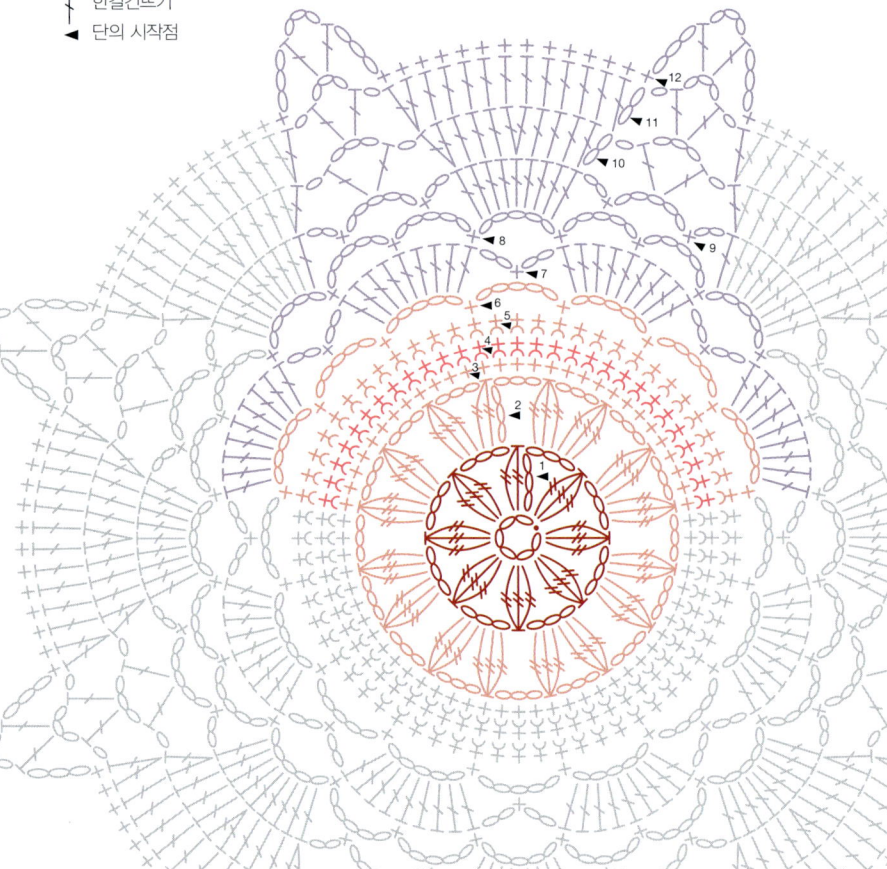

77 오리엔탈 릴리 만다라

꽃잎 레이스 만다라

바늘 사이즈 3mm(5호)
완성품 지름 21.5cm

이 패턴은 다양한 용도로 이용할 수 있는 패턴 중 하나입니다. 만약 이 패턴이 마음에 든다면 120~123쪽에서 소개한 예쁜 이불도 한 번 찾아 떠보세요.

시작(색상 A): 매직 링 또는 사슬뜨기 4개와 빼뜨기로 기초 링 만들기

1단: ★[링 안으로 바늘을 넣어 한길긴뜨기 1번, 사슬뜨기 1번]→★을 11번 더 반복 → 단 마무리

2단: ★[한길긴뜨기 2번, 사슬뜨기 1번] → ★을 11번 더 반복 → 단 마무리

3단(색상 B): ★[한길긴뜨기 2코 모아뜨기, 사슬뜨기 3번 → 다음 코에 한길긴뜨기 1번 → 다음 코에 한길긴뜨기 2번, 사슬뜨기 3번] → ★을 5번 더 반복 → 단 마무리

4단: ★[3단의 한길긴뜨기 2코 모아뜨기 한 코에 한길긴뜨기 1번, 사슬뜨기 3번 → 다음 코에 한길긴뜨기 2번 → 다음 코에 한길긴뜨기 1번 → 다음 코에 한길긴뜨기 2번, 사슬뜨기 3번] → ★을 5번 더 반복 → 단 마무리

5단: ★[4단의 3-사슬 공간 사이 한길긴뜨기 코에 한길긴뜨기 1번, 사슬뜨기 3번 → 다음 코에 한길긴뜨기 2번 → {다음 코에 한길긴뜨기 1번 → 다음 코에 한길긴뜨기 2번}×2] → ★을 5번 더 반복 → 단 마무리

6단: ★[5단의 3-사슬 공간 사이 한길긴뜨기 코에 한길긴뜨기 1번 • 사슬뜨기 3번 • 한길긴뜨기 1번, 사슬뜨기 3번 → 다음 8코에 각각 한길긴뜨기 1번씩, 사슬뜨기 3번] → ★을 5번 더 반복 → 단 마무리

7단: ★[한길긴뜨기 1번 → 3-사슬 공간에 한길긴뜨기 3번 → 한길긴뜨기 1번, 사슬뜨기 3번 → 한길긴뜨기 2코 모아뜨기 → 다음 4코에 각각 한길긴뜨기 1번씩 → 한길긴뜨기 2코 모아뜨기, 사슬뜨기 3번] → ★을 5번 더 반복 → 단 마무리

8단: ★[처음 코에 한길긴뜨기 2번 → {다음 코에 한길긴뜨기 1번 → 다음 코에 한길긴뜨기 2번}×2, 사슬뜨기 5번 → 한길긴뜨기 2코 모아뜨기 → 다음 2코에 각각 한길긴뜨기 1번씩 → 한길긴뜨기 2코 모아뜨기, 사슬뜨기 5번] → ★을 5번 더 반복 → 단 마무리

9단: ★[한길긴뜨기 2코 모아뜨기 → {다음 코에 한길긴뜨기 1번 → 한길긴뜨기 2코 모아뜨기}×2, 사슬뜨기 5번 → 5-사슬 공간에 짧은뜨기 1번, 사슬뜨기 5번 → {한길긴뜨기 2코 모아뜨기}×2, 사슬뜨기 5번 → 5-사슬 공간에 짧은뜨기 1번, 사슬뜨기 5번] → ★을 5번 더 반복 → 단 마무리

10단: ★[한길긴뜨기 2코 모아뜨기 → 다음 코에 한길긴뜨기 1번 → 한길긴뜨기 2코 모아뜨기, 사슬뜨기 5번 → 5-사슬 공간에 짧은뜨기 1번, 사슬뜨기 5번 → 다음 코 건너뛰기 → 5-사슬 공간에 짧은뜨기 1번, 사슬뜨기 5번] → ★을 5번 더 반복 → 단 마무리

11단: ★[한길긴뜨기 3코 모아뜨기, 사슬뜨기 5번 → 5-사슬 공간에 짧은뜨기 1번, {사슬뜨기 5번 → 다음 코 건너뛰기 → 다음 5-사슬 공간에 짧은뜨기 1번}×5, 사슬뜨기 5번] → ★을 5번 더 반복 → 단 마무리

12단: ★[5-사슬 공간에 짧은뜨기 1번, 사슬뜨기 5번] → ★을 41번 더 반복 → 단 마무리

13단(색상 C): ★[5-사슬 공간에 짧은뜨기 1번, 사슬뜨기 5번] → ★을 41번 더 반복 → 단 마무리

실 끊고 정리하기

기호 설명
- ○ 사슬뜨기
- • 빼뜨기
- † 한길긴뜨기
- ⋀ 한길긴뜨기 2코 모아뜨기
- + 짧은뜨기
- ⋏ 한길긴뜨기 3코 모아뜨기
- ◂ 단의 시작점

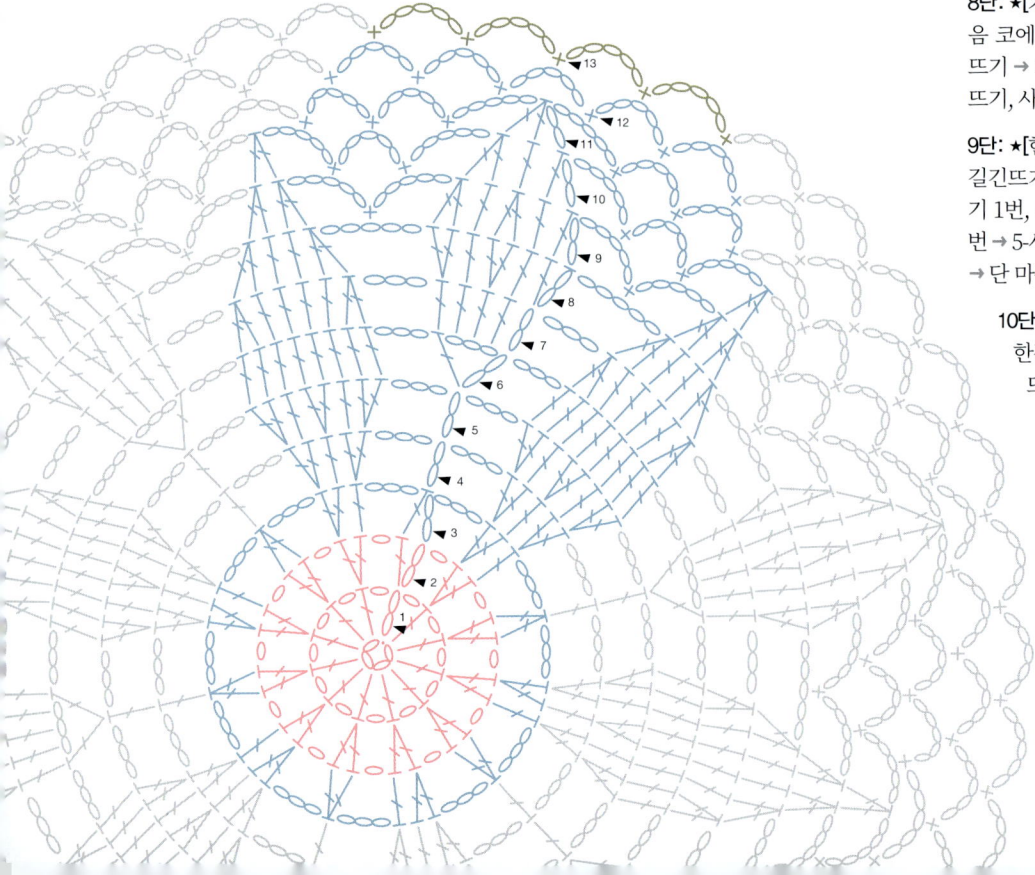

79 꽃잎 레이스 만다라

딸기 꽃 만다라

바늘 사이즈 3mm(5호)
완성품 지름 21cm

중심의 꽃 모양부터 적절한 배색까지 무엇 하나 좋지 않다고 말할 것이 없네요. 특히 테두리 끝에 떠 붙인 꽃잎 모양 장식은 뭐라 말 할 수 없이 좋아요!

기호 설명
- ○ 사슬뜨기
- • 빼뜨기
- + 짧은뜨기
- ╫ 한길긴뜨기
- ╫ 두길긴뜨기
- ╫ 머리 사슬 뒤쪽 한 가닥 주워 한길긴뜨기
- ╫ 머리 사슬 뒤쪽 한 가닥 주워 긴뜨기
- ╫ 한길긴뜨기 2코 구슬뜨기
- ╫ 머리 사슬 뒤쪽 한 가닥 주워 짧은뜨기
- ▶ 단의 시작점

시작(색상 A): 매직 링 또는 사슬뜨기 5개와 빼뜨기로 기초 링 만들기

2단: ★[한길긴뜨기 1번, 사슬뜨기 3번 → 다음 코 건너뛰기] → ★을 5번 더 반복 → 단 마무리

3단: ★[3-사슬 공간에 짧은뜨기 1번 • 한길긴뜨기 2번 • 두길긴뜨기 1번 • 한길긴뜨기 2번 • 짧은뜨기 1번] → ★을 5번 더 반복 → 단 마무리

4단(색상 B): ★[머리 사슬 뒤쪽 한 가닥 주워 한길긴뜨기 1번 → 다음 코에 머리 사슬 뒤쪽 한 가닥 주워 긴뜨기 1번 → 다음 3코에 각각 머리 사슬 뒤쪽 한 가닥 주워 짧은뜨기 1번씩 → 다음 코에 머리 사슬 뒤쪽 한 가닥 주워 긴뜨기 1번 → 다음 코에 머리 사슬 뒤쪽 한 가닥 주워 한길긴뜨기 1번] → ★을 5번 더 반복 → 단 마무리

5단: ★[2코에 각각 한길긴뜨기 1번씩 → 다음 코에 한길긴뜨기 2번] → ★을 13번 더 반복 → 단 마무리

6단(색상 C): ★[한길긴뜨기 2코 구슬뜨기 • 사슬뜨기 5번 • 한길긴뜨기 2코 구슬뜨기, 사슬뜨기 1번 → 다음 3코 건너뛰기] → ★을 13번 더 반복 → 단 마무리

7단(색상 B): ★[1-사슬 공간에 짧은뜨기 1번, 사슬뜨기 1번 → 5-사슬 공간에 한길긴뜨기 5번, 사슬뜨기 1번] → ★을 13번 더 반복 → 단 마무리

8단(색상 C): ★[7단의 세 번째 한길긴뜨기 코에 짧은뜨기 1번 → 다음 짧은뜨기 코에 한길긴뜨기 2코 구슬뜨기 • 사슬뜨기 6번 • 한길긴뜨기 2코 구슬뜨기] → ★을 13번 더 반복 → 단 마무리

9단(색상 B): ★[짧은뜨기 1번, 6-사슬 공간에 한길긴뜨기 9번] → 을 13번 더 반복 → 단 마무리

10단(색상 C): ★[5번째 한길긴뜨기 코에 한길긴뜨기 2코 구슬뜨기 • 사슬뜨기 6번 • 한길긴뜨기 2코 구슬뜨기, 사슬뜨기 6번] → ★을 13번 더 반복 → 단 마무리

11단(색상 B): ★[10단 한길긴뜨기 2코 구슬뜨기 사이에 있는 6-사슬 공간에 한길긴뜨기 13번 → 다음 6-사슬 공간에 짧은뜨기 1번] → 을 13번 더 반복 → 단 마무리

12단: ★[11단의 한길긴뜨기 13개 코에 각각 머리 사슬 뒤쪽 한 가닥 주워 짧은뜨기 1번씩 → 짧은뜨기 코에 짧은뜨기 1번, 사슬뜨기 7번 → 처음 짧은뜨기한 코에 빼뜨기 1번] → ★을 13번 더 반복 → 단 마무리 → 실 끊기

13단(색상 A): 12단의 7-사슬 공간 각각에 짧은뜨기 1번 • 사슬뜨기 3번 • 짧은뜨기 1번 • 사슬뜨기 3번 • 짧은뜨기 1번 • 실 끊기; 총 13번 뜨게 됨

실 정리하기

81 딸기 꽃 만다라

FLOWER MANDALA

꽃으로 마음을 전하세요!

바늘 사이즈 3mm(5호)
완성품 지름 22.5cm

개성이 충만한 만다라예요. 오밀조밀한 패턴과 구멍 뚫린 시원한 패턴이 반복되는 원 모양과 어우러져 몇 개 층이 켜켜이 쌓인 것 같은 효과를 주네요.

기호 설명

- ○ 사슬뜨기
- ● 빼뜨기
- ┬ 한길긴뜨기
- ♀ 한길긴뜨기 2코 구슬뜨기
- ⋏ 머리 사슬 뒤쪽 한 가닥 주워 짧은뜨기
- ┃ 머리 사슬 뒤쪽 한 가닥 주워 긴뜨기
- ┼ 머리 사슬 뒤쪽 한 가닥 주워 한길긴뜨기
- + 짧은뜨기   ┿ 두길긴뜨기
- ⋏ 머리 사슬 뒤쪽 한 가닥 주워 빼뜨기
- ◀ 단의 시작점

시작(색상 A): 매직 링 또는 사슬뜨기 9개와 빼뜨기로 기초 링 만들기

1단: 링 안으로 바늘을 넣어 한길긴뜨기 24번 → 단 마무리

2단(색상 B): ★[한길긴뜨기 2코 구슬뜨기, 사슬뜨기 3번 → 다음 코 건너뛰기]→★을 11번 더 반복 → 단 마무리

3단(색상 C): ★[2단의 한길긴뜨기 2코 구슬뜨기한 곳에 한길긴뜨기 1번 → 3-사슬 공간에 한길긴뜨기 3번]→★을 11번 더 반복 → 단 마무리

4단: ★[2단의 한길긴뜨기 2코 구슬뜨기한 곳과 같은 선 상에 있는 3단의 한길긴뜨기 코에 짧은뜨기 1번 → 다음 코 건너뛰기 → 다음 코에 한길긴뜨기 5번 → 셀 생성 → 다음 코 건너뛰기]→★을 11번 더 반복 → 단 마무리

5단(색상 A): ★[4단에 생성된 셀의 3번째 한길긴뜨기 코에 머리 사슬 뒤쪽 한 가닥 주워; 이하 '뒤쪽 반 코' 짧은뜨기 1번 → 다음 코에 뒤쪽 반 코 긴뜨기 1번 → 다음 3코에 각각 뒤쪽 반 코 한길긴뜨기 1번씩 → 다음 코에 뒤쪽 반 코 긴뜨기 1번]→★을 11번 더 반복 → 단 마무리

6단: ★[5단의 한길긴뜨기 3개 중 중간 코에 짧은뜨기 1번 → 다음 2코 건너뛰기 → 다음 코에 한길긴뜨기 9번; 셀 생성 → 다음 2코 건너뛰기]→★을 11번 더 반복 → 단 마무리

7단(색상 B): ★[6단에 생성된 셀의 5번째 코에 짧은뜨기 1번, 사슬뜨기 3번 → 다음 4코 건너뛰기 → 다음 코에 한길긴뜨기 1번 · 사슬뜨기 9번 · 한길긴뜨기 1번, 사슬뜨기 3번 → 다음 4코 건너뛰기]→★을 11번 더 반복 → 단 마무리

8단(색상 C): ★[짧은뜨기 1번 → 9-사슬 공간에 한길긴뜨기 15번]→★을 11번 더 반복 → 단 마무리

9단(색상 B): ★[8단의 8번째 한길긴뜨기 코에 짧은뜨기 1번, 사슬뜨기 5번 → 다음 7코 건너뛰기 → 다음 코에 두길긴뜨기 1번, 사슬뜨기 5번 → 다음 7코 건너뛰기]→★을 11번 더 반복 → 단 마무리 ※9단에서는 편물이 약간 오그라들지만 다음 단에서 조정되므로 염려하지 않아도 됩니다.

10단: ★[한길긴뜨기 1번, 5-사슬 공간에 한길긴뜨기 5번 → 다음 코에 한길긴뜨기 1번 → 5-사슬 공간에 한길긴뜨기 5번]→★을 11번 더 반복 → 단 마무리

11단: ★[7코에 각각 한길긴뜨기 1번씩 → 다음 코에 한길긴뜨기 2번]→★을 17번 더 반복 → 단 마무리

12단: ★[8코에 각각 한길긴뜨기 1번씩 → 다음 코에 한길긴뜨기 2번]→★을 17번 더 반복 → 단 마무리

13단(색상 C): 모든 코에 각각 짧은뜨기 1번씩 → 단 마무리

14단(색상 B): (조금 굵은 바늘로) 모든 코에 각각 머리 사슬 뒤쪽 한 가닥 주워 빼뜨기 → 단 마무리

실 끊고 정리하기

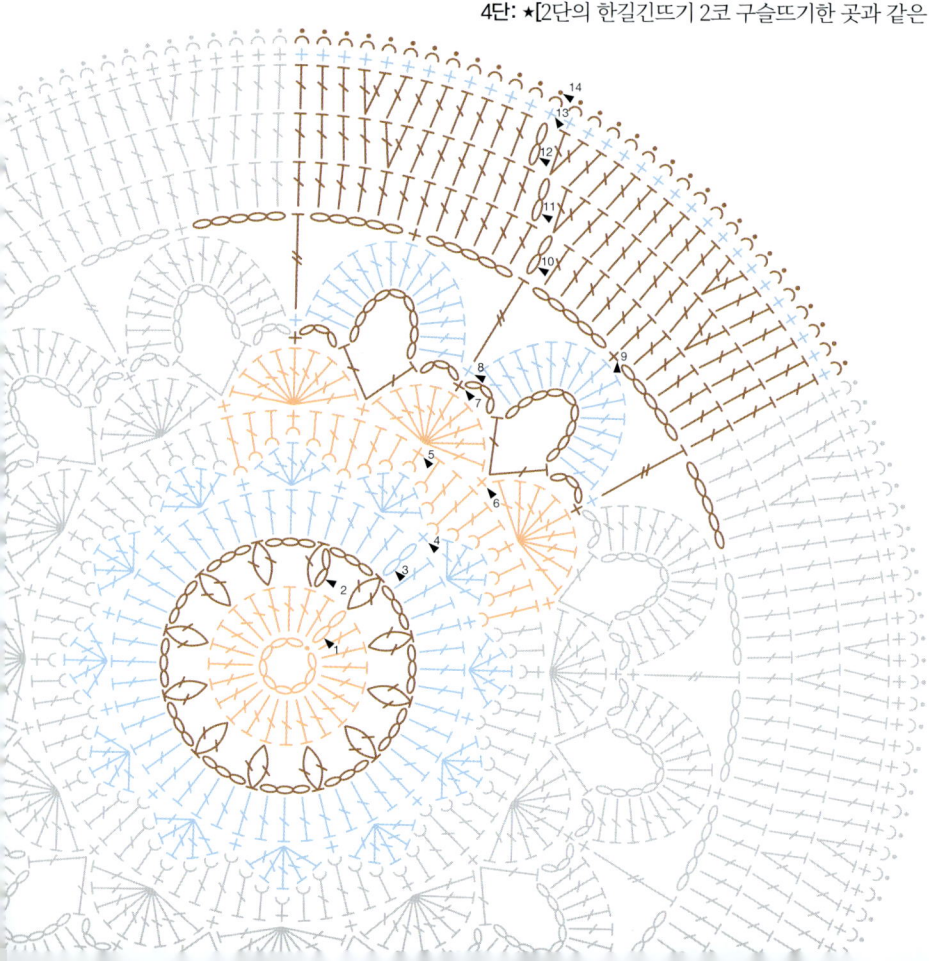

83 꽃으로 마음을 전하세요!

꽃밭에서

FLOWER MANDALA

바늘 사이즈 3.5mm(6호)
완성품 지름 20.5cm

꽃밭 위를 맨발로 걸어 다니는 것 같은 기분이 드는 만다라예요. 중심에 있는 작은 꽃들을 뜨다 보면 계획했던 것보다 훨씬 더 많은 수를 뜨게 될지도 모릅니다. 작은 꽃을 뜨는 일은 꽤 중독성이 있거든요.

Note
이 만다라에는 총 9개의 꽃이 있습니다. 중앙의 1~2단으로 이루어진 꽃이 주변의 8개 꽃과 같으므로 색상만 바꾸어서 뜨면 됩니다.

기호 설명
- ○ 사슬뜨기
- ● 빼뜨기
- + 짧은뜨기
- ┬ 긴뜨기
- ◀ 단의 시작점

응용 뜨기(125쪽 참조)
- ⊕ 팝콘 뜨기

꽃 뜨기

시작(색상 A): 매직 링 또는 사슬뜨기 4개와 빼뜨기로 기초 링 만들기

1단: 링 안으로 바늘을 넣어 짧은뜨기 6번 → 단 마무리

2단(색상 B): 모든 코에 각각 빼뜨기 1번 • 사슬뜨기 3번 • 팝콘 뜨기 1번 • 사슬뜨기 3번 • 빼뜨기 1번 → 단 마무리

만다라 이어 뜨기

3단(색상 C): ★[팝콘 뜨기 뒤쪽에서 짧은뜨기 1번(팝콘 뜨기 머리 사슬을 주워 뜨는 것이 아니라 그 바로 아래를 주워 뜸), 사슬뜨기 3번]→ ★을 5번 더 반복 → 단 마무리

4단: ★[3-사슬 공간에 짧은뜨기 5번 → 다음 코에 짧은뜨기 1번] → ★을 5번 더 반복 → 단 마무리

5단: ★[6코에 각각 짧은뜨기 1번씩 → 다음 코에 짧은뜨기 2번] → ★을 4번 더 반복 → 단 마무리

6단: ★[7코에 각각 짧은뜨기 1번씩 → 다음 코에 짧은뜨기 2번] → ★을 4번 더 반복 → 단 마무리

7단: 꽃 뜨기 방법으로 8개의 꽃을 만들고 각각을 빼뜨기로 연결한 다음 6단에 빼뜨기나 바느질로 붙입니다. (붙이는 위치는 도안 참고)

8단(색상 C): ★[팝콘 뜨기 뒤쪽에서 짧은뜨기 1번, 사슬뜨기 3번 → 다음 팝콘에 짧은뜨기 1번, 사슬뜨기 6번]→ ★을 7번 더 반복 → 단 마무리

9단: ★[3-사슬 공간에 긴뜨기 5번 → 짧은뜨기 코에 긴뜨기 1번 → 6-사슬 공간에 긴뜨기 8번 → 짧은뜨기 코에 긴뜨기 1번] → ★을 7번 더 반복 → 단 마무리

10단: 모든 코에 각각 긴뜨기 1번씩 → 단 마무리

11단(색상 A): ★[짧은뜨기 1번, 사슬뜨기 2번 → 다음 2코 건너뛰기] → ★을 39번 더 반복 → 단 마무리

12단(색상 C): ★[2-사슬 공간에 긴뜨기 3번] → ★을 39번 더 반복 → 단 마무리

13단(색상 A): ★[12단의 긴뜨기 블록 사이에 짧은뜨기 1번, 사슬뜨기 3번] → ★을 39번 더 반복 → 단 마무리

14단(색상 C): ★[3-사슬 공간에 긴뜨기 4번] → ★을 39번 더 반복 → 단 마무리

15단(색상 A): ★[14단의 긴뜨기 블록 사이에 짧은뜨기 1번, 사슬뜨기 4번] → ★을 39번 더 반복 → 단 마무리

실 끊고 정리하기

85 꽃밭에서

SPECIAL MANDALA

더블 루프 만다라

바늘 사이즈 3.5mm(6호)
완성품 지름 14cm

이것은 껴안고 싶은 생각이 들 정도로 풍성하고 부드러운 텍스처의 만다라예요. 이 패턴에서는 더블 루프 스티치를 사용하였는데, 아직 떠 본 적이 없는 사람이라면 조금 까다롭게 느낄 수도 있어요. 하지만 몇 번 뜨다 보면 금방 익숙해진답니다.

Notes
- 이 만다라는 뜨면서 보이는 쪽이 겉이 아니고 뒤쪽이 겉이 되는 패턴입니다.
- 더블 루프 스티치는 한 번에 두 개의 고리를 만드는 방법입니다. 이 스티치는 구분하기가 쉽지 않으니 스티치 마커로 처음 코를 표시해두면 좋아요.

기호 설명
- ○ 사슬뜨기
- ● 빼뜨기
- + 짧은뜨기
- ▲ 단의 시작점

응용 뜨기(125쪽 참조)
- ⊢ 더블 루프 스티치
- ⩔ 더블 루프 스티치 2개

시작(색상 A): 매직 링 또는 사슬뜨기 4개와 빼뜨기로 기초 링 만들기

1단: 링 안에 바늘을 넣어 짧은뜨기 6번 → 단 마무리

2단: 각 코에 더블 루프 스티치 2번씩 → 단 마무리

3단: ★[더블 루프 스티치 1번 → 다음 코에 더블 루프 스티치 2번]→★ 을 5번 더 반복 → 단 마무리

4단(색상 B): ★[2코에 각각 더블 루프 스티치 1번씩 → 다음 코에 더블 루프 스티치 2번]→★ 을 5번 더 반복 → 단 마무리

5단: ★[3코에 각각 더블 루프 스티치 1번씩, 다음 코에 더블 루프 스티치 2번]→★ 을 5번 더 반복 → 단 마무리

6단(색상 C): ★[4코에 각각 더블 루프 스티치 1번씩 → 다음 코에 더블 루프 스티치 2번]→★ 을 5번 더 반복 → 단 마무리

7단: ★[5코에 각각 더블 루프 스티치 1번씩 → 다음 코에 더블 루프 스티치 2번]→★ 을 5번 더 반복 → 단 마무리

8단: ★[6코에 각각 더블 루프 스티치 1번씩 → 다음 코에 더블 루프 스티치 2번]→★ 을 5번 더 반복 → 단 마무리

9단(색상 D): ★[7코에 각각 더블 루프 스티치 1번씩 → 다음 코에 더블 루프 스티치 2번]→★ 을 5번 더 반복 → 단 마무리

10단(색상 E): ★[8코에 각각 더블 루프 스티치 1번씩 → 다음 코에 더블 루프 스티치 2번]→★ 을 5번 더 반복 → 단 마무리

11단: ★[9코에 각각 더블 루프 스티치 1번씩 → 다음 코에 더블 루프 스티치 2번]→★ 을 5번 더 반복 → 단 마무리

12단(색상 F): ★[10코에 각각 더블 루프 스티치 1번씩 → 다음 코에 더블 루프 스티치 2번]→★ 을 5번 더 반복 → 단 마무리

실 끊고 정리하기

87 더블 루프 만다라

SPECIAL MANDALA

다이내믹 레이스 만다라

바늘 사이즈 3mm(5호)
완성품 지름 18.5cm

다음 단에서 이전 단의 고리를 걸어 뜨는 방법은 만다라에 다이내믹함을 선사합니다. 뜨는 방법이 어려운 패턴은 아닙니다만, 주의를 기울여 떠야 제 모양이 나온답니다.

시작(색상 A): 매직 링 또는 사슬뜨기 4개와 빼뜨기로 기초 링 만들기

1단: 링 안으로 바늘을 넣어 짧은뜨기 8번 → 단 마무리

2단: 모든 코에 각각 짧은뜨기 2번씩 → 단 마무리; 짧은뜨기 총 16번

3단: ★짧은뜨기 1번 → 다음 코에 짧은뜨기 2번★ → ★을 7번 더 반복 → 단 마무리; 짧은뜨기 총 24번

4단(색상 B): ★짧은뜨기 1번, 사슬뜨기 8번 → 다음 2코 건너뛰기★ → ★을 7번 더 반복 → 단 마무리

5단(색상 A): ★8-사슬 공간에 한길긴뜨기 5번, 사슬뜨기 2번★ → ★을 7번 더 반복 → 단 마무리

6단: ★2-사슬 공간에 한길긴뜨기 5번, 사슬뜨기 5번★ → ★을 7번 더 반복 → 단 마무리

7단: ★[6단의 두 번째 한길긴뜨기 코에 한길긴뜨기 1번 → 다음 2코에 각각 한길긴뜨기 1번씩, 사슬뜨기 3번 → 5-사슬 공간에 한길긴뜨기 3번, 사슬뜨기 3번★ → ★을 7번 더 반복 → 단 마무리

8단(색상 B): ★[5단의 두 번째 한길긴뜨기 코에 한길긴뜨기 1번 → 다음 2코에 각각 한길긴뜨기 1번씩 → 6단의 5-사슬 공간에 빼뜨기 1번, 사슬뜨기 8번 → 6단의 다음 5-사슬 공간에 빼뜨기 1번]★ → ★을 7번 더 반복 → 단 마무리

9단(색상 A): ★7단의 3-사슬 공간에 한길긴뜨기 3번 → 다음 코에 한길긴뜨기 1번 → 8단에서 사슬뜨기 8번으로 생긴 고리 모양을 주워서 한길긴뜨기 1번(고리를 고정시키기 위해) → 다음 코에 한길긴뜨기 1번]★ → ★을 7번 더 반복 → 단 마무리

10단(색상 C): ★[3코에 각각 한길긴뜨기 1번씩 → 다음 코에 한길긴뜨기 2번]★ → ★을 23번 더 반복 → 단 마무리

11단: ★[한길긴뜨기 4코 구슬뜨기, 사슬뜨기 3번 → 다음 2코 건너뛰기]★ → ★을 39번 더 반복 → 단 마무리

12단(색상 B): ★[3-사슬 공간에 짧은뜨기 1번, 사슬뜨기 4번]★ → ★을 39번 더 반복 → 단 마무리

13단(색상 D): ★[4-사슬 공간에 짧은뜨기 1번 · 사슬뜨기 3번 · 짧은뜨기 1번, 사슬뜨기 2번]★ → ★을 39번 더 반복 → 단 마무리

실 끊고 정리하기

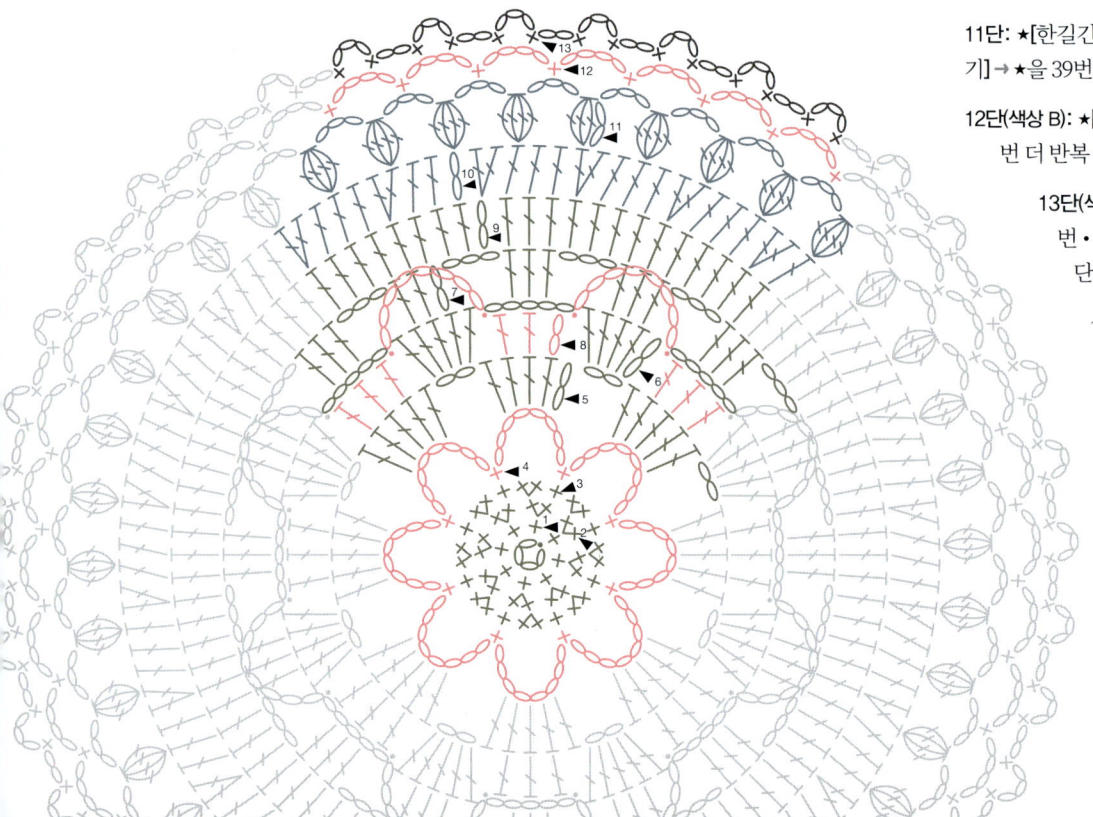

기호 설명

○ 사슬뜨기
● 빼뜨기
+ 짧은뜨기
╪ 한길긴뜨기
◆ 한길긴뜨기 4코 구슬뜨기
▶ 단의 시작점

89 다이내믹 레이스 만다라

SPECIAL MANDALA

미니 모티프 만다라

미니 만다라를 여러 개 떠서 연결하면 완성되는 만다라예요. 미니 만다라를 여러 개 뜨면 더 큰 사이즈의 만다라가 되겠죠.
티셔츠 얀을 이용해서 바닥 매트를 만들어보는 건 어떨까요?

바늘 사이즈 3.5mm(6호)
완성품 지름 14.5cm

Notes
- 이 만다라를 완성하기 위해서는 총 37개의 편물을 떠야 합니다.
  색상 A 1개, 색상 B 6개, 색상 C 12개, 색상 D 18개
- 각 편물을 뜨면서 연결하는 방법과 편물을 모두 뜬 다음에 마지막에 연결해주는 방법이 있습니다.
- 조각 편물의 개수를 추가하여 더 큰 사이즈로 만들 수 있습니다. 이때 추가하는 편물 개수는 6의 배수가 되어야 합니다.

조각 편물 뜨기

시작: 매직 링 또는 사슬뜨기 4개와 빼뜨기로 기초 링 만들기

1단: 링 안으로 바늘을 넣어 한길긴뜨기 12번

실 끊고 정리하기

조각 연결하기

방법1: 조각 편물 1을 뜨고 나서 조각 편물 2를 뜰 때, 1단의 한길긴뜨기를 뜨는 동안 자연스럽게 편물 1을 연결합니다. 즉, 실을 감아 편물 2의 링 안에 바늘을 넣은 다음 실을 감아 빼고, 다시 실을 감아 바늘에 걸린 고리 중 2개를 빼내고, 편물 1과 연결되는 위치의 머리 사슬 뒤쪽 한 가닥을 주운 후 실을 감아 바늘에 걸려 있던 나머지 고리들을 빼냅니다. (편물 1과 2가 연결되는 위치는 도안을 참조) 이런 방법으로 하나 하나 뜨면서 이어나갑니다.

방법2: 편물 37개를 모두 뜬 다음 돗바늘을 이용해 바느질로 연결합니다. 이때 머리 사슬 뒤쪽 한 가닥을 주워서 꿰맵니다.

기호 설명
- ○ 사슬뜨기
- ● 빼뜨기
- ╪ 한길긴뜨기
- − 연결 지점

SPECIAL MANDALA

팝콘 뜨기의 진수

팝콘 뜨기를 좋아하는 사람이라면 이 만다라를 사랑하지 않을 수 없을 거예요. 연보라색 실을 썼더니 발랄한 인상을 주어 더 사랑스럽습니다.

바늘 사이즈 3.5mm(6호)
완성품 지름 22.5cm

Note
이 패턴은 각 블록 사이에 빈 공간이 있으므로 매 단마다 같은 위치에서 시작해도 줄 모양의 자국이 남지 않습니다.

시작(색상 A): 매직 링 또는 사슬뜨기 4개와 빼뜨기로 기초 링 만들기

1단: ★[링 안으로 바늘을 넣어 한길긴뜨기 1번, 사슬뜨기 2번]→★을 7번 더 반복→단 마무리

2단(색상 B): ★[2-사슬 공간에 한길긴뜨기 3코 구슬뜨기, 사슬뜨기 4번]→★을 7번 더 반복→단 마무리

3단(색상 C): ★[4-사슬 공간에 한길긴뜨기 1번 • 사슬뜨기 2번 • 팝콘 뜨기 1번 • 사슬뜨기 2번 • 한길긴뜨기 1번, 사슬뜨기 2번]→★을 7번 더 반복→단 마무리

4단: ★[한길긴뜨기 1번 → {사슬뜨기 2번, 2-사슬 공간에 팝콘 뜨기 1번}×2, 사슬뜨기 2번 → 다음 코에 한길긴뜨기 1번, 사슬뜨기 2번]→★을 7번 더 반복→단 마무리

5단: ★[한길긴뜨기 1번 → {사슬뜨기 2번, 2-사슬 공간에 팝콘 뜨기 1번}×3, 사슬뜨기 2번 → 다음 코에 한길긴뜨기 1번, 사슬뜨기 2번]→★을 7번 더 반복→단 마무리

6단: ★[한길긴뜨기 1번 → {사슬뜨기 2번, 2-사슬 공간에 팝콘 뜨기 1번}×4, 사슬뜨기 2번 → 다음 코에 한길긴뜨기 1번, 사슬뜨기 2번]→★을 7번 더 반복→단 마무리

7단: ★[한길긴뜨기 1번 → {사슬뜨기 2번, 2-사슬 공간에 팝콘 뜨기 1번}×5, 사슬뜨기 2번 → 다음 코에 한길긴뜨기 1번, 사슬뜨기 2번]→★을 7번 더 반복→단 마무리

8단: ★[한길긴뜨기 1번 → {사슬뜨기 2번, 2-사슬 공간에 팝콘 뜨기 1번}×6, 사슬뜨기 2번 → 다음 코에 한길긴뜨기 1번, 사슬뜨기 2번]→★을 7번 더 반복→단 마무리

9단: ★[한길긴뜨기 1번 → {사슬뜨기 2번, 2-사슬 공간에 팝콘 뜨기 1번}×7, 사슬뜨기 2번 → 다음 코에 한길긴뜨기 1번, 사슬뜨기 2번]→★을 7번 더 반복→단 마무리

10단: ★[한길긴뜨기 1번 → {사슬뜨기 2번, 2-사슬 공간에 팝콘 뜨기 1번}×8, 사슬뜨기 2번 → 다음 코에 한길긴뜨기 1번, 사슬뜨기 2번]→★을 7번 더 반복→단 마무리

실 끊고 정리하기

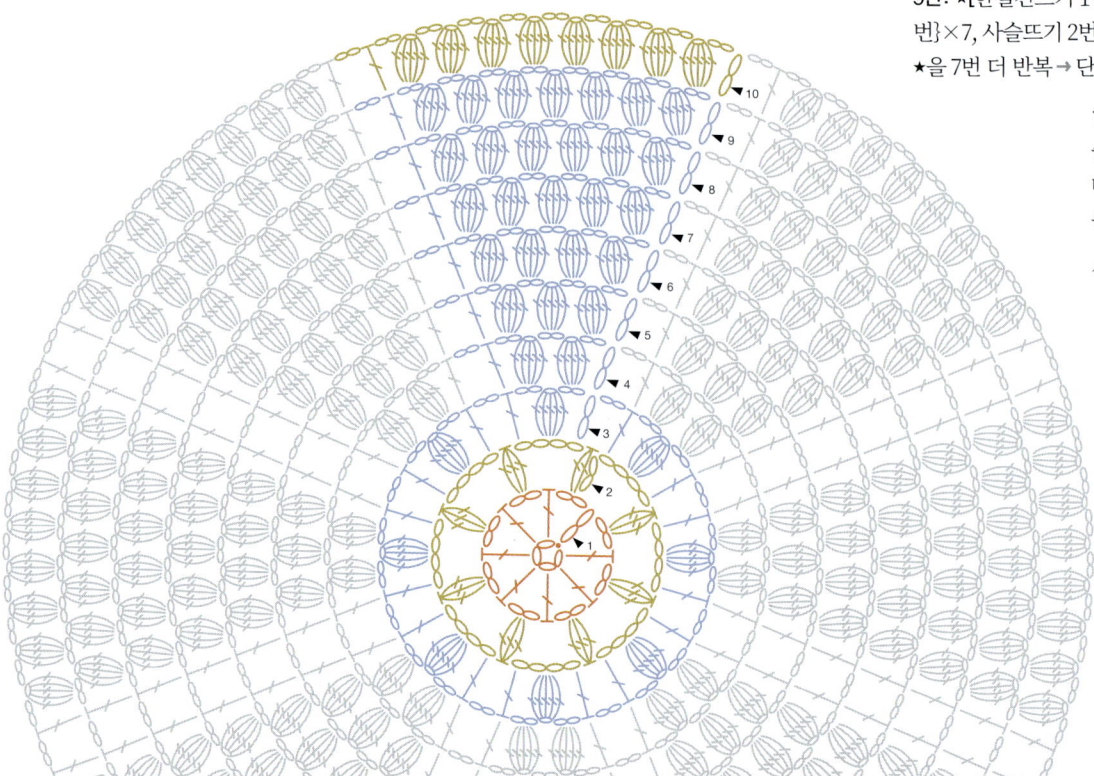

기호 설명
○ 사슬뜨기
● 빼뜨기
╎ 한길긴뜨기
✦ 한길긴뜨기 3코 구슬뜨기
▶ 단의 시작점

응용 뜨기(125쪽 참조)
⬢ 팝콘 뜨기

93 팝콘 뜨기의 진수

SPECIAL MANDALA

태피스트리 크로셰 만다라

바늘 사이즈 3mm(5호)
완성품 지름 23cm

태피스트리 크로셰를 시도해본 적이 없다면 이 만다라로 첫 발을 내딛으세요. 단순해 보이지만 간단하지만은 않은 이 만다라를 좋아하게 될 거라고 믿습니다.

Terms

- **한길긴뜨기의 1단계**: 바늘에 실을 감고 코에 바늘을 넣은 다음 실을 감아서 빼고 바늘에 실을 한번 더 감아 고리 2개를 빼냅니다.
- **한길긴뜨기의 2단계**: 바늘에 실을 다시 한 번 감아 바늘에 남아 있는 고리 2개를 모두 빼냅니다.

Notes

- 두 가지 색상의 실 2줄을 이용하는 방법으로, 한 실로 뜨다가 배색하는 시점에서 다른 실로 바꾸어 뜹니다.
- 다른 색 실로 바꿀 때는 한길긴뜨기 도중 다른 실을 걸어줍니다. 즉, 한길긴뜨기 1단계까지 실 A를 이용해 뜨고, 실을 바꾸어 한길긴뜨기 2단계를 뜹니다.

시작(색상 A): 매직 링 또는 사슬뜨기 6개와 빼뜨기로 기초 링 만들기

1단(색상 A와 B): ★[링 안으로 바늘을 넣어 색상 A 실로 한길긴뜨기 1단계, 색상 B 실로 한길긴뜨기 2단계; 한길긴뜨기 1개 완성] → 링 안으로 바늘을 넣어 색상 B 실로 한길긴뜨기 1단계, 색상 A 실로 한길긴뜨기 2단계; 한길긴뜨기 1개 완성] → ★을 7번 더 반복, 총 16개의 한길긴뜨기 완성 → 단 마무리

2단: ★[한길긴뜨기(색상 A) 2번; 2번째 한길긴뜨기 2단계에서 실 색상 교체 → 한길긴뜨기(색상 B) 2번; 2번째 한길긴뜨기 2단계에서 실 색상 교체] → ★을 7번 더 반복 → 단 마무리

3단: ★[한길긴뜨기(색상 A) 1번 → 다음 코에 한길긴뜨기 2번 → 다음 코에 한길긴뜨기(색상 B) 1번 → 다음 코에 한길긴뜨기 2번] → ★을 7번 더 반복 → 단 마무리 ※ 각각 3번째 한길긴뜨기 2단계에서 실 색상 교체

4단: ★[2코에 각각 한길긴뜨기(색상 A) 1번씩 → 다음 코에 한길긴뜨기 2번 → 다음 2코에 각각 한길긴뜨기(색상 B) 1번씩 → 다음 코에 한길긴뜨기 2번] → ★을 7번 더 반복 → 단 마무리 ※ 각각 4번째 한길긴뜨기 2단계에서 실 색상 교체

5단: ★[3코에 각각 한길긴뜨기(색상 A) 1번씩 → 다음 코에 한길긴뜨기 2번 → 다음 3코에 각각 한길긴뜨기(색상 B) 1번씩 → 다음 코에 한길긴뜨기 2번] → ★을 7번 더 반복 → 단 마무리 ※ 각각 5번째 한길긴뜨기 2단계에서 실 색상 교체

6단: ★[한길긴뜨기(색상 A) 1번 → 다음 2코에 각각 한길긴뜨기 1번씩; 2단계에서 실 색상 교체 → 다음 코에 한길긴뜨기(색상 B) 1번 → 다음 코에 한길긴뜨기 2번 → 다음 4코에 각각 한길긴뜨기 1번 → 다음 코에 한길긴뜨기 2번; 2단계에서 실 색상 교체] → ★을 7번 더 반복 → 단 마무리

7단: ★[한길긴뜨기(색상 A) 1번; 2단계에서 실 색상 교체 → 다음 코에 한길긴뜨기(색상 B) 1번 → 다음 코에 한길긴뜨기 2번 → 다음 5코에 각각 한길긴뜨기 1번씩 → 다음 코에 한길긴뜨기 2번 → 다음 3코에 각각 한길긴뜨기 1번씩; 마지막 한길긴뜨기 2단계에서 실 색상 교체] → ★을 7번 더 반복 → 단 마무리

8단: ★[한길긴뜨기(색상 B) 2번 → 다음 6코에 각각 한길긴뜨기 1번씩 → 다음 코에 한길긴뜨기 2번 → 다음 3코에 각각 한길긴뜨기 1번씩; 마지막 한길긴뜨기 2단계에서 실 색상 교체 → 다음 3코에 각각 한길긴뜨기(색상 A) 1번씩; 마지막 한길긴뜨기 2단계에서 실 색상 교체] → ★을 7번 더 반복 → 단 마무리

9단: ★[한길긴뜨기(색상 B) 1번 → 다음 코에 한길긴뜨기 1번 → 다음 코에 한길긴뜨기 2번 → 다음 7코에 각각 한길긴뜨기 1번씩 → 다음 코에 한길긴뜨기 2번; 마지막 한길긴뜨기 2단계에서 실 색상 교체 → 다음 5코에 각각 한길긴뜨기(색상 A) 1번씩; 마지막 한길긴뜨기 2단계에서 실 색상 교체] → ★을 7번 더 반복 → 단 마무리

10단: ★[한길긴뜨기(색상 B) 1번 → 다음 코에 한길긴뜨기 2번 → 다음 8코에 각각 한길긴뜨기 1번씩 → 다음 코에 한길긴뜨기 2번; 마지막 한길긴뜨기 2단계에서 실 색상 교체 → 다음 7코에 각각 한길긴뜨기(색상 A) 1번씩; 마지막 한길긴뜨기 2단계에서 실 색상 교체] → ★을 7번 더 반복 → 단 마무리

11단: ★[한길긴뜨기(색상 B) 2번 → 다음 9코에 각각 한길긴뜨기 1번씩 → 다음 코에 한길긴뜨기 2번; 마지막 한길긴뜨기 2단계에서 실 색상 교체 → 다음 9코에 각각 한길긴뜨기(색상 A) 1번씩; 마지막 한길긴뜨기 2단계에서 실 색상 교체] → ★을 7번 더 반복 → 단 마무리

12단: ★[한길긴뜨기(색상 B) 1번 → 다음 3코에 각각 한길긴뜨기 1번씩 → 다음 코에 한길긴뜨기 2번 → 다음 6코에 각각 한길긴뜨기 1번씩; 마지막 한길긴뜨기 2단계에서 실 색상 교체 → 다음 4코에 각각 한길긴뜨기(색상 A) 1번씩 → 다음 코에 한길긴뜨기 2번 → 다음 6코에 각각 한길긴뜨기 1번씩; 마지막 한길긴뜨기 2단계에서 실 색상 교체] → ★을 7번 더 반복 → 단 마무리

실 끊고 정리하기

기호 설명
○ 사슬뜨기
● 빼뜨기
╂ 한길긴뜨기
◀ 단의 시작점

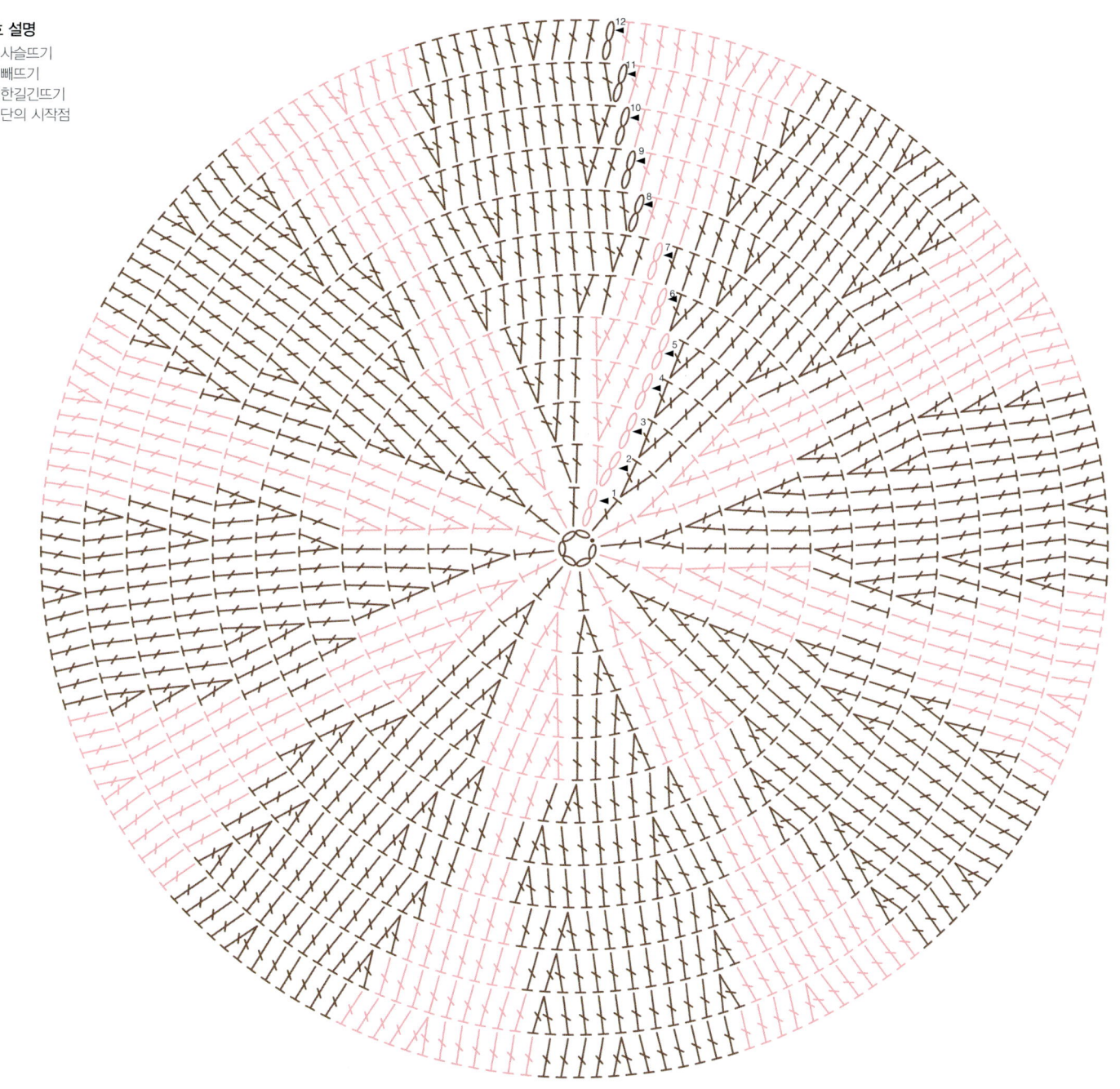

95 태피스트리 크로셰 만다라

작지만 아름다운 만다라

바늘 사이즈 3mm(5호)
완성품 지름 13.5cm

이 만다라에 자부심을 느낀다고 감히 말해도 될까요? 크기는 작지만 꽤 독특하고 아름답습니다. 뜨기 쉬울 거라는 말씀은 못 드리지만, 노력할 만한 가치가 있다고 자신 있게 말할 수 있어요!

기호 설명
- ○ 사슬뜨기
- • 빼뜨기
- ╈ 한길긴뜨기
- ⬗ 한길긴뜨기 3코 구슬뜨기
- ⋏ 머리 사슬 뒤쪽 한 가닥 주워 짧은뜨기
- ⋎ 머리 사슬 앞쪽 한 가닥 주워 한길긴뜨기
- ⋎ 머리 사슬 뒤쪽 한 가닥 주워 한길긴뜨기
- + 짧은뜨기
- ⋏ 두길긴뜨기 3코 모아뜨기
- ◀ 단의 시작점

응용 뜨기(125쪽 참조)
- 네길긴뜨기 앞걸어뜨기
- 두길긴뜨기 앞걸어뜨기
- 여섯길긴뜨기 앞걸어뜨기
- 한길긴뜨기 앞걸어뜨기 2코 구슬뜨기
- 3-피코뜨기

Note: 도안에서는 구분하기 쉽도록 색상 수를 추가하여 설명하였습니다.

시작(색상 A): 매직 링 또는 사슬뜨기 5개와 빼뜨기로 기초 링 만들기

1단: ★[링 안으로 바늘을 넣어 한길긴뜨기 1번, 사슬뜨기 1번] → ★을 11번 더 반복 → 단 마무리

2단(색상 B): ★[1-사슬 공간에 한길긴뜨기 3코 구슬뜨기, 사슬뜨기 3번] → ★을 11번 더 반복 → 단 마무리

3단(색상 C): ★[3-사슬 공간에 한길긴뜨기 5번] → ★을 11번 더 반복 → 단 마무리

4단(색상 A): ★[머리 사슬 뒤쪽 한 가닥 주워; 이하 '뒤쪽 반 코' 짧은뜨기 1번 → 다음 3코에 각각 뒤쪽 반 코 짧은뜨기 1번씩 → 1단의 한길긴뜨기 코에 네길긴뜨기 앞걸어뜨기 1번] → ★을 11번 더 반복 → 단 마무리

5단(색상 C): ★[한길긴뜨기 2번 → 3단의 한길긴뜨기 4코에 각각 한길긴뜨기 뒤걸어뜨기 1번씩] → ★을 11번 더 반복 → 단 마무리

6단(색상 A): ★[4단의 네길긴뜨기 앞걸어뜨기 코에 두길긴뜨기 앞걸어뜨기 3번 → 다음 4코에 각각 뒤쪽 반 코 짧은뜨기 1번씩] → ★을 11번 더 반복 → 단 마무리

7단(색상 C): ★[6단의 두길긴뜨기 앞걸어뜨기 블록 뒤에 있는 5단의 첫 번째 한길긴뜨기 코에 뒤쪽 반 코 한길긴뜨기 1번 → 5단의 다음 한길긴뜨기 코에 뒤쪽 반 코 한길긴뜨기 1번 → 5단의 다음 한길긴뜨기 4코에 각각 머리 사슬 앞쪽 한 가닥 주워; 이하 '앞쪽 반 코' 한길긴뜨기 1번씩] → ★을 11번 반복 → 단 마무리 ※ 이 단은 모두 5단의 코에 뜹니다. 5단의 두길긴뜨기 앞걸어뜨기 블록 뒤에 있는 한길긴뜨기 2개 코에서는 뒤쪽 반 코 한길긴뜨기를, 5단의 두길긴뜨기 앞걸어뜨기 블록 사이에 있는 4개의 한길긴뜨기 코에는 앞쪽 반 코 한길긴뜨기를 뜨게 됩니다.

8단(색상 A): ★[7단의 앞쪽 반 코 한길긴뜨기의 2번째와 3번째 사이에 짧은뜨기 1번, 사슬뜨기 3번 → 6단의 두길긴뜨기 앞걸어뜨기 3코에 두길긴뜨기 3코 모아뜨기, 사슬뜨기 3번] → ★을 11번 더 반복 → 단 마무리

9단(색상 B): ★[8단의 두길긴뜨기 3코 모아뜨기 코에 짧은뜨기 1번 → 3-사슬 공간에 짧은뜨기 3번 → 2단의 한길긴뜨기 3코 구슬뜨기 코에 여섯길긴뜨기 앞걸어뜨기 1번 → 3-사슬 공간에 짧은뜨기 3번] → ★을 11번 더 반복 → 단 마무리

10단: ★[짧은뜨기 1번, 사슬뜨기 5번 → 다음 3코 건너뛰기 → 한길긴뜨기 3코 구슬뜨기, 사슬뜨기 5번 → 다음 3코 건너뛰기] → ★을 11번 더 반복 → 단 마무리

11단(색상 A): ★[짧은뜨기 1번 → 3-피코뜨기 1번 → 5-사슬 공간에 짧은뜨기 5번 → 8단의 두길긴뜨기 3코 모아뜨기 코에 한길긴뜨기 앞걸어뜨기 2코 구슬뜨기 → 5-사슬 공간에 짧은뜨기 5번] → ★을 11번 더 반복 → 단 마무리

실 끊고 정리하기

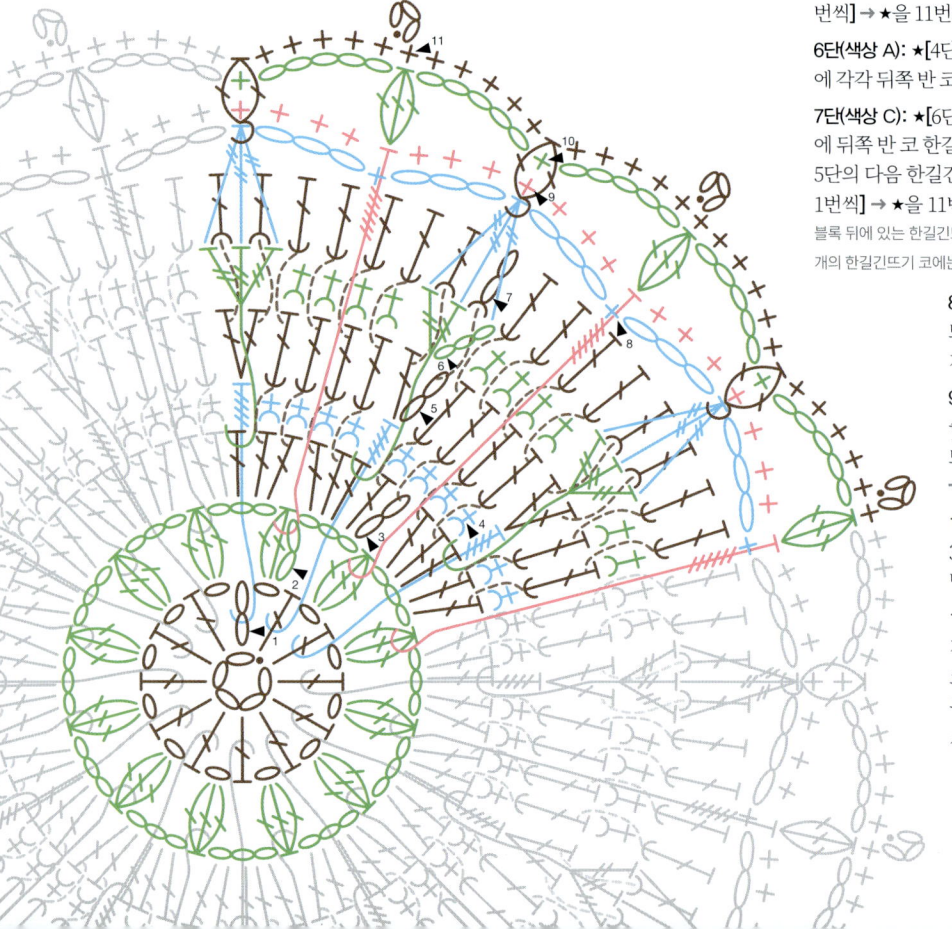

SPECIAL MANDALA

기분 좋은 도일리 만다라

바늘 사이즈 3.5mm(6호)
완성품 지름 19.5cm

거부할 수 없는 매력이 넘치는 패턴입니다. 퍼프 스티치와 특이한 테두리 패턴의 조화! 테두리의 짧은뜨기 부분에서 실의 색이 지그재그로 엇갈리며 달라진다는 점에 주의하세요.

Note: 각 단의 첫 번째 퍼프 스티치는 바늘에 실을 감고 그것을 손가락으로 고정시키는 방법으로 스탠딩 퍼프 스티치를 하였습니다.

시작(색상 A): 매직 링 또는 사슬뜨기 4개와 빼뜨기로 기초 링 만들기

1단: 링 안으로 바늘을 넣어 짧은뜨기 8번 → 단 마무리

2단: ★[퍼프 스티치 1번, 사슬뜨기 3번]→을 7번 더 반복→ 단 마무리

3단(색상 B): ★[짧은뜨기 1번 → 3-사슬 공간에 짧은뜨기 3번]→을 7번 더 반복→ 단 마무리

4단: ★[퍼프 스티치 1번, 사슬뜨기 2번 → 다음 코 건너뛰기]→ ★을 15번 더 반복→ 단 마무리

5단(색상A): ★[짧은뜨기 1번 → 2-사슬 공간에 짧은뜨기 2번]→ ★을 15번 더 반복→ 단 마무리

6단: ★[퍼프 스티치 1번, 사슬뜨기 2번 → 다음 코 건너뛰기]→ ★을 23번 더 반복→ 단 마무리

7단(색상 B): ★[짧은뜨기 1번 → 2-사슬 공간에 짧은뜨기 2번]→ ★을 23번 더 반복→ 단 마무리

8단: ★[퍼프 스티치 1번, 사슬뜨기 2번 → 다음 코 건너뛰기]→ ★을 35번 더 반복→ 단 마무리

9단(색상A): ★[짧은뜨기 1번 → 2-사슬 공간에 짧은뜨기 2번]→ ★을 35번 더 반복→ 단 마무리

10단: ★[퍼프 스티치 1번, 사슬뜨기 2번 → 다음 2코 건너뛰기]→ ★을 35번 더 반복→ 단 마무리

11단(색상 B): ★[짧은뜨기 1번 → 2-사슬 공간에 짧은뜨기 3번]→ ★을 35번 더 반복→ 단 마무리

12~17단은 머리 사슬을 줍는 것이 아니라 그 아래 짧은뜨기의 V자 모양 사이에 바늘을 넣어 떠야 사진과 같이 색상이 엇갈려 지그재그 모양이 나타납니다.

12단(색상 A): ★[짧은뜨기 1번, 사슬뜨기 3번 → 다음 3코 건너뛰기]→ ★을 35번 더 반복→ 단 마무리

13단(색상 B): ★[짧은뜨기 1번, 사슬뜨기 3번]→ ★을 35번 더 반복→ 단 마무리

14단(색상 A): ★[짧은뜨기 1번, 사슬뜨기 4번]→ ★을 35번 더 반복→ 단 마무리

15단(색상 B): ★[짧은뜨기 1번, 사슬뜨기 4번]→ ★을 35번 더 반복→ 단 마무리

16단(색상 A): ★[짧은뜨기 1번, 사슬뜨기 4번]→ ★을 35번 더 반복→ 단 마무리

17단(색상 B): ★[짧은뜨기 1번, 사슬뜨기 5번]→ ★을 35번 더 반복→ 단 마무리

18단(색상 A): ★[짧은뜨기 1번, 사슬뜨기 5번]→ ★을 35번 더 반복→ 단 마무리

실 끊고 정리하기

기호 설명
○ 사슬뜨기
● 빼뜨기
+ 짧은뜨기
◀ 단의 시작점

응용 뜨기(125쪽 참조)
◯ 퍼프 스티치

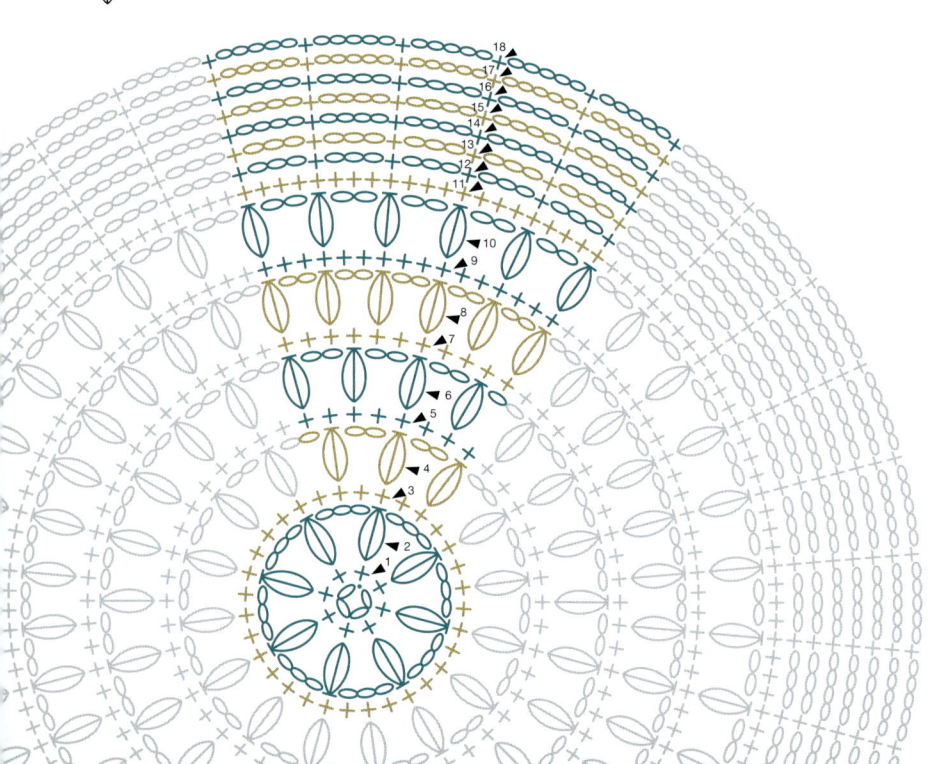

다양한 테두리 뜨기

평범한 만다라도 아름다운 작품으로 변화시킬 수 있는 5가지 테두리 디자인을 소개합니다. 42쪽 만다라 패턴 1~12단을 뜨고 각기 다른 디자인의 테두리를 떠보았습니다. 자신이 뜬 만다라의 최종 콧수가 다르다면 그에 맞게 변형해서 테두리를 뜨면 됩니다. 단, 19쪽을 참고해 만다라가 주름이 생기거나 오그라들지 않고 평평한 상태를 유지할 수 있도록 하세요.

테두리 유형 1

이 간단하지만 효과적인 테두리는 동시에 두 가지 색상의 실로 뜹니다.

즉, 색상 A 실로 빼뜨기를 한 후 색상 A 실을 오른손 새끼손가락으로 편물 뒤에 잡아둔 채 색상 B 실로 빼뜨기를 합니다. 같은 방법으로 색상을 번갈아가면서 빼뜨기를 해나갑니다. 뜨기가 끝나면 돗바늘을 이용해 실을 정리합니다.

만다라가 오그라들지 않게 하기 위해 바늘을 조금 큰 사이즈로 바꿔 떠도 좋습니다.

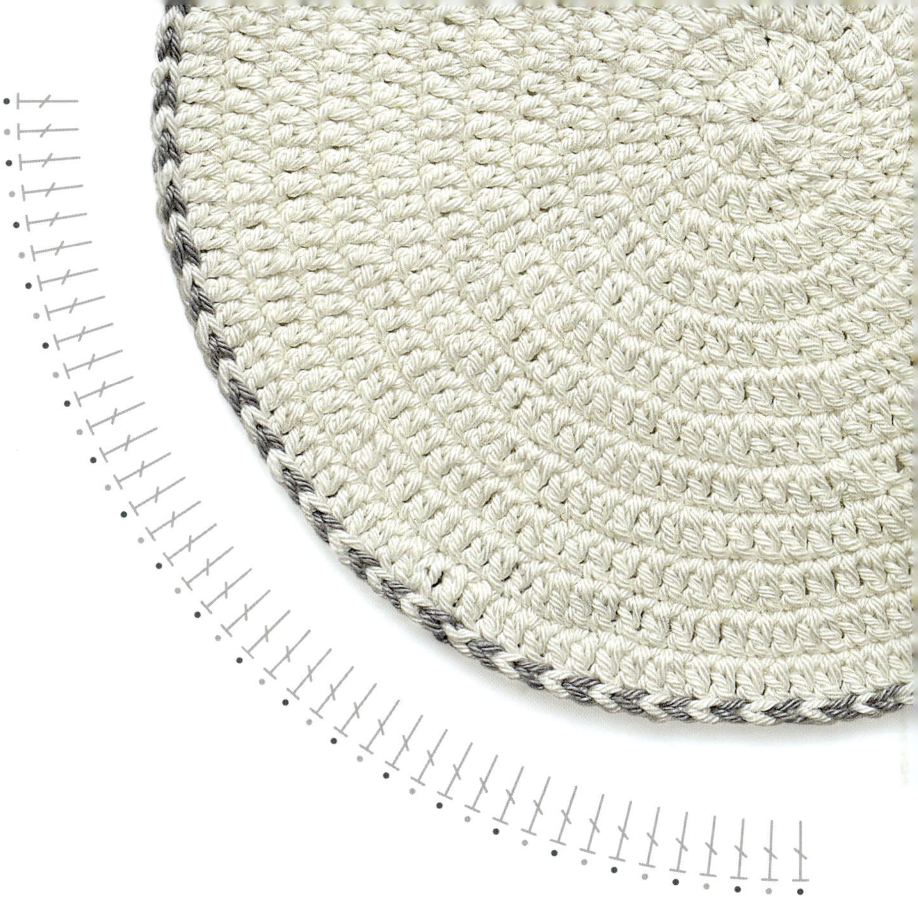

기호 설명
- ● 빼뜨기

테두리 유형 2

★[짧은뜨기 1번 → 다음 2코 건너뛰기 → 다음 코에 한길긴뜨기 1번・3-피코뜨기 1번・사슬뜨기 1번・한길긴뜨기 1번・5-피코뜨기 1번・사슬뜨기 1번・한길긴뜨기 1번・3-피코뜨기 1번・사슬뜨기 1번・한길긴뜨기 1번 → 다음 2코 건너뛰기]→
★을 단이 끝날 때까지 반복 → 실을 끊고 정리하기

기호 설명
- + 짧은뜨기
- ╄ 한길긴뜨기
- ○ 사슬뜨기

응용 뜨기(125쪽 참조)
- ❀ 3-피코뜨기
- ❀ 5-피코뜨기

테두리 유형 3

1단(색상 A): ★[짧은뜨기 1번 → 3-피코뜨기 1번, 사슬뜨기 1번 → 다음 코 건너뛰기] → ★을 단이 끝날 때까지 반복

2단(색상 B): 이 단은 방금 뜬 테두리 1단이 아니라 만다라의 마지막 단에 뜹니다. ★[(테두리 1단의 사슬뜨기 선상에 있는) 만다라 마지막 단의 코를 주워 긴 짧은뜨기(실을 길게 빼서 뜨는 짧은뜨기) 1번, 사슬뜨기 3번(1단의 3-피코뜨기 뒤로)] → ★을 단이 끝날 때까지 반복 → 실을 끊고 정리하기

사슬뜨기 3개가 1단의 피코뜨기를 덮었다면 다 뜨고 난 뒤 1단의 피코뜨기를 2단의 사슬뜨기 3개 위로 꺼내 주면 됩니다.

기호 설명
+ 짧은뜨기
○ 사슬뜨기

응용 뜨기(125쪽 참조)
⊕ 3-피코뜨기

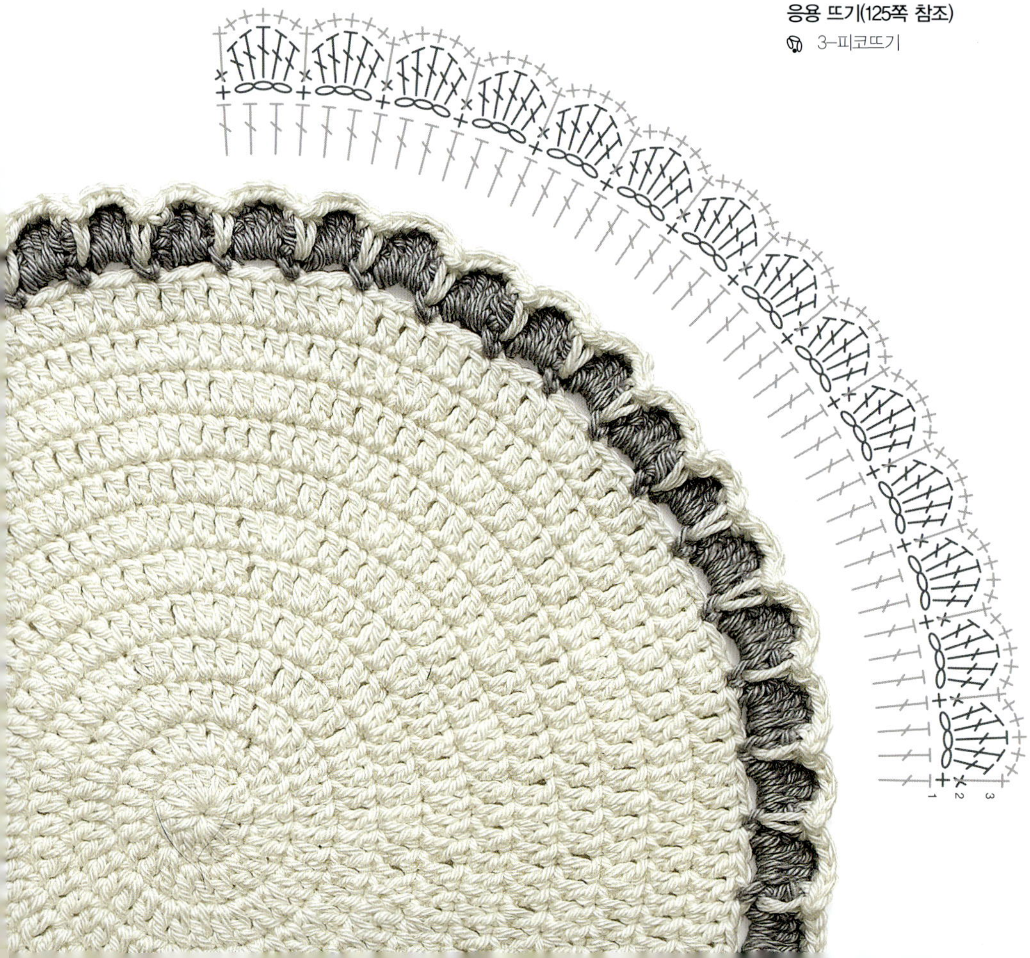

테두리 유형 4

1단(색상 A): ★[짧은뜨기 1번, 사슬뜨기 3번 → 다음 2코 건너뛰기] → ★을 단이 끝날 때까지 반복

2단: ★[짧은뜨기 1번, 3-사슬 공간에 한길긴뜨기 5번] → ★을 단이 끝날 때까지 반복

3단(색상 B): 1단의 짧은뜨기 코에 긴 짧은뜨기 1번 → 2단의 한길긴뜨기 5코에 각각 짧은뜨기 1번씩] → ★을 단이 끝날 때까지 반복 → 실을 끊고 정리하기

기호 설명
+ 짧은뜨기
○ 사슬뜨기
𝑇 한길긴뜨기

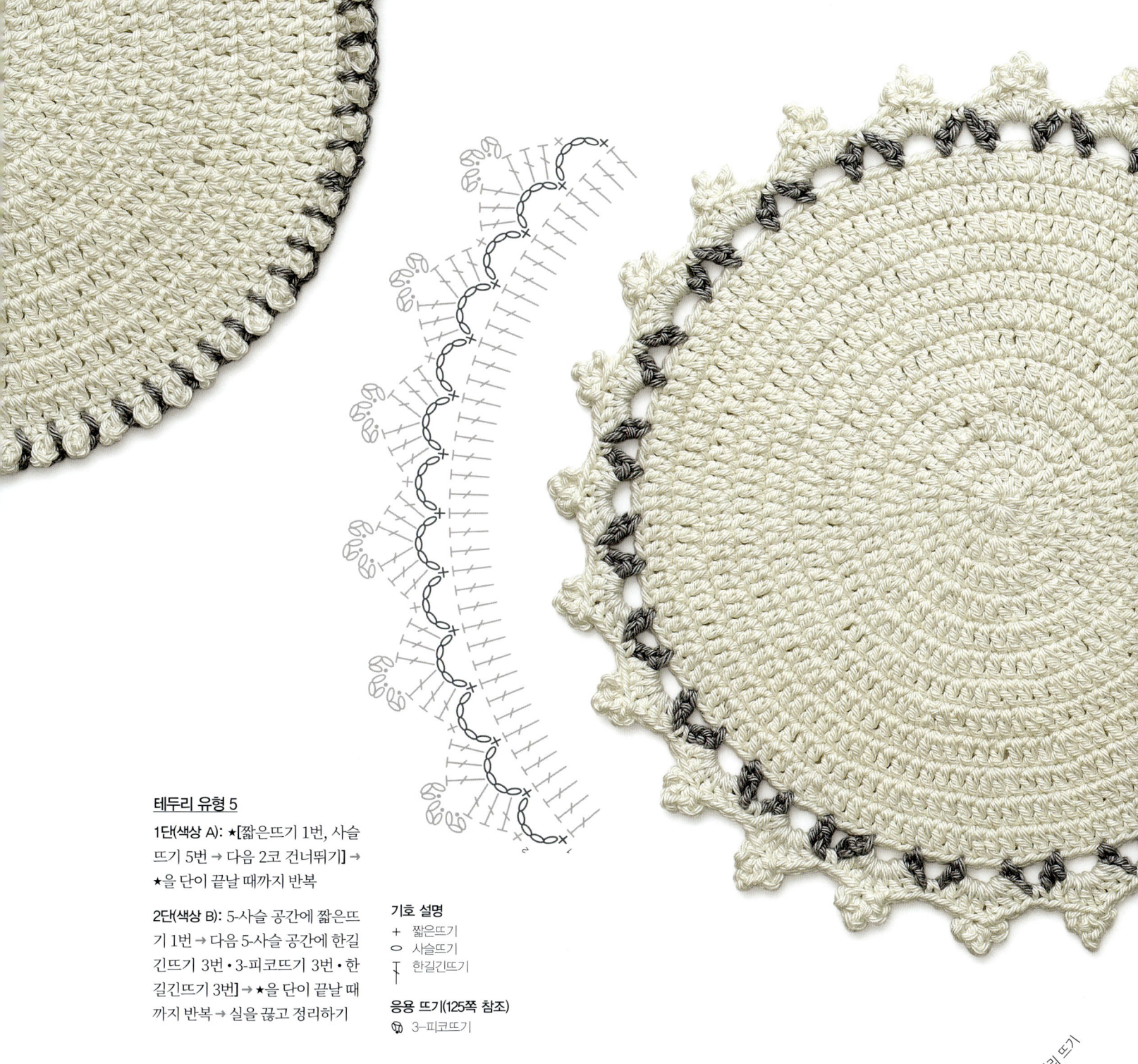

테두리 유형 5

1단(색상 A): ★[짧은뜨기 1번, 사슬뜨기 5번 → 다음 2코 건너뛰기] → ★을 단이 끝날 때까지 반복

2단(색상 B): 5-사슬 공간에 짧은뜨기 1번 → 다음 5-사슬 공간에 [한길긴뜨기 3번 • 3-피코뜨기 3번 • 한길긴뜨기 3번] → ★을 단이 끝날 때까지 반복 → 실을 끊고 정리하기

기호 설명
+ 짧은뜨기
○ 사슬뜨기
┬ 한길긴뜨기

응용 뜨기(125쪽 참조)
㊟ 3-피코뜨기

03
소품 만들기

앞에서 배운 만다라 패턴을 이용해 옷, 액세서리, 홈웨어 등을 떠 봅시다. 각 소품들은 책에서 제시한 만다라 패턴이 아니라 다른 패턴을 선택해 떠도 좋고, 다른 색상의 실을 배합해도 좋습니다. 그렇게 한다면 누구와도 다른 나만의 개성 있는 소품을 완성할 수 있겠죠.

보헤미안 가방

이 보헤미안 스타일 가방은 48쪽에서 소개한 패턴으로 떠보았습니다.

바늘 6mm(10호)

실 굵은 실,
색상 A 75m,
색상 B 225m

기호 설명
- ○ 사슬뜨기
- • 빼뜨기
- ┬ 한길긴뜨기
- + 짧은뜨기
- ⋏ 한길긴뜨기 2코 모아뜨기 (도안에서는 뒤집어진 형태)
- ◂ 단의 시작점

앞장과 뒷장

앞장과 뒷장 뜨기: 48쪽 패턴의 1~12단까지를 뜹니다. (13단은 뜨지 않는 것에 주의)

앞장과 뒷장 연결하기: 12단의 2-사슬 공간에 뜬 2개의 한길긴뜨기 중 첫 번째 코부터 뜨기 시작합니다. 완성된 앞/뒷장을 겉과 겉이 마주하게 모두 잡고 안쪽 사슬만 주워 짧은뜨기하여 연결합니다. 부채꼴 7개까지만 연결하고 나머지 3개 공간은 가방 입구로 남겨둡니다.

어깨 끈

1단: 끈을 달 곳 중 한 곳(가방 입구로 남겨둔 곳의 한쪽 끝 부분)에 한길긴뜨기 3번 → 편물 돌리기

2단: 모든 코에 각각 한길긴뜨기 2번씩, 총 6개의 한길긴뜨기, 이것이 어깨 끈의 너비가 됨 → 편물 돌리기

3단: 모든 코에 각각 한길긴뜨기 1번씩 → 편물 돌리기

4~46단: 3단을 반복하여 뜨기

47단: 한길긴뜨기 2코 모아뜨기를 3번 하되, 각 한길긴뜨기 2코 모아뜨기 마지막 단계에서 가방의 끈을 달 반대쪽 위치의 코를 줍고 실을 감아 남은 고리를 빼냅니다. ; 가방 끈이 반대쪽에 연결됨

실 끊고 정리하기

※ 끈을 따로 떠서 바느질로 가방 안쪽에 붙여 꿰매 주어도 됩니다.

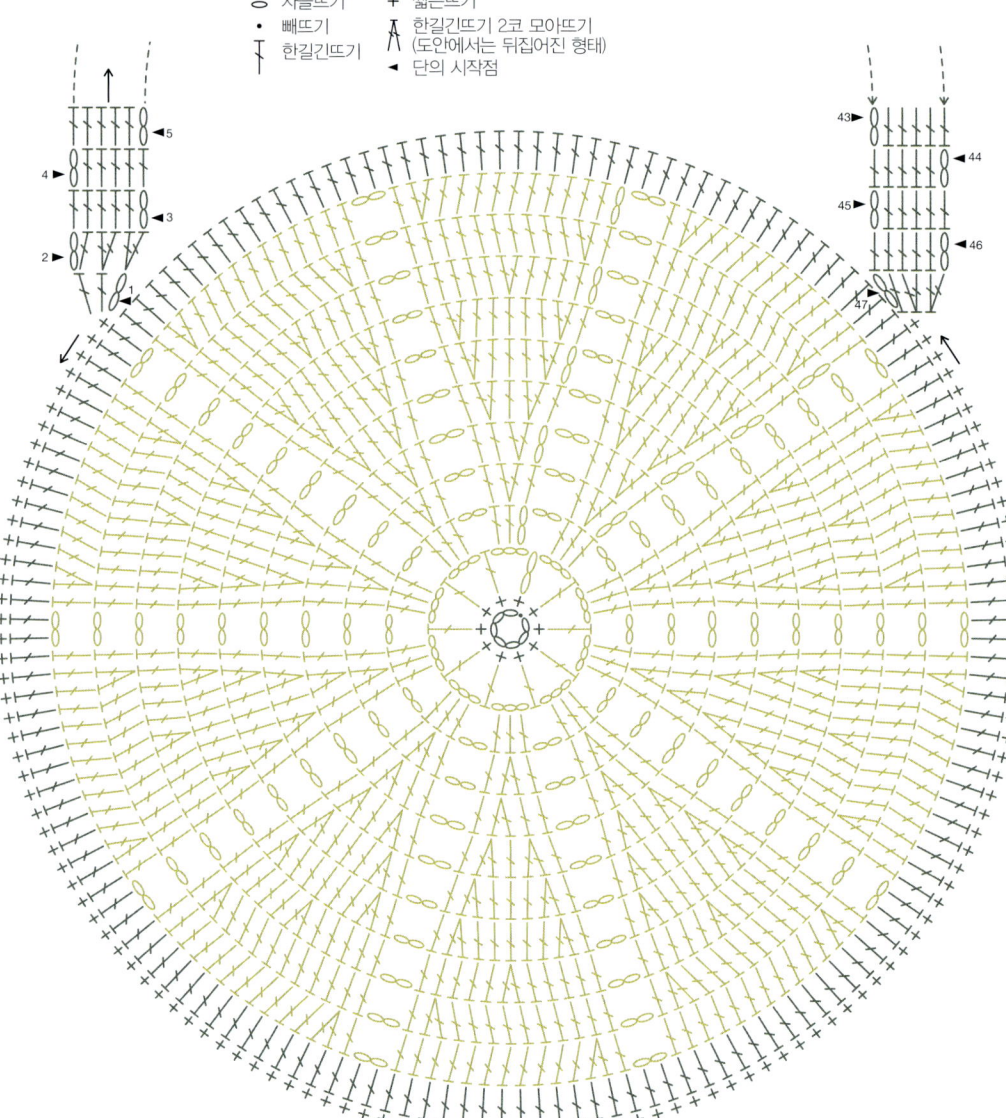

109 보헤미안 가방

핫 패드

바늘 4.5mm(7.5호)

실 아란실.
색상 A 36.5m,
색상 B 128m,
색상 C 27.5m

이 핫 패드는 다른 패턴의 만다라로 두 장을 뜨고 마지막 단(7단)에서 두 장을 함께 뜹니다.

앞장 뜨기

시작(색상 A): 매직 링 또는 사슬뜨기 5개와 빼뜨기로 기초 링 만들기

1단: 링 안에 바늘을 넣어 한길긴뜨기 16번

2단(색상 B): {한길긴뜨기 2코 구슬뜨기, 사슬뜨기 1번} ×16 → 단 마무리

3단(색상 C): {1-사슬 공간에 한길긴뜨기 3번}×16 → 단 마무리

4단(색상 A): ★[3단의 한길긴뜨기 블록 사이에 짧은뜨기 1번 • 사슬뜨기 7번 • 짧은뜨기 1번, 사슬뜨기 4번 → 3단의 한길긴뜨기 블록 사이에 짧은뜨기 1번, 사슬뜨기 4번]→ 을 7번 더 반복 → 단 마무리

5단: ★[4단의 두 번째 4-사슬 공간에 짧은뜨기 1번 → 7-사슬 공간에 한길긴뜨기 6번 • 사슬뜨기 2번 • 한길긴뜨기 6번 → 4-사슬 공간에 짧은뜨기 1번, 사슬뜨기 3번]→ 을 7번 더 반복 → 단 마무리

6단(색상 C): ★[2-사슬 공간에 짧은뜨기 1번, 사슬뜨기 6번 → 3-사슬 공간에 세길긴뜨기 1번, 사슬뜨기 6번]→ ★을 7번 더 반복→ 단 마무리

실 끊고 정리하기

기호 설명

- ○ 사슬뜨기
- • 빼뜨기
- ┬ 한길긴뜨기
- ◇ 한길긴뜨기 2코 구슬뜨기
- + 짧은뜨기
- ◀ 단의 시작점

응용 뜨기
(125쪽 참조)
- ╪ 세길긴뜨기

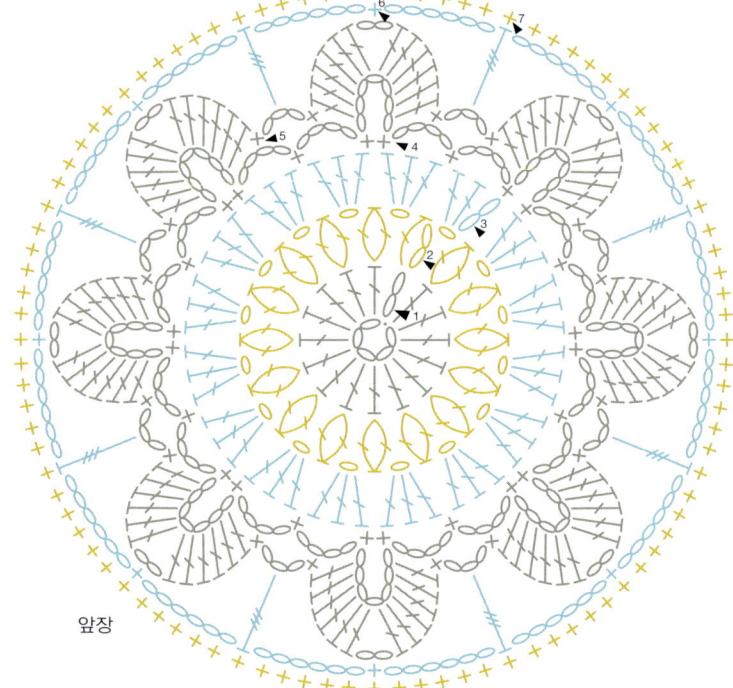

앞장

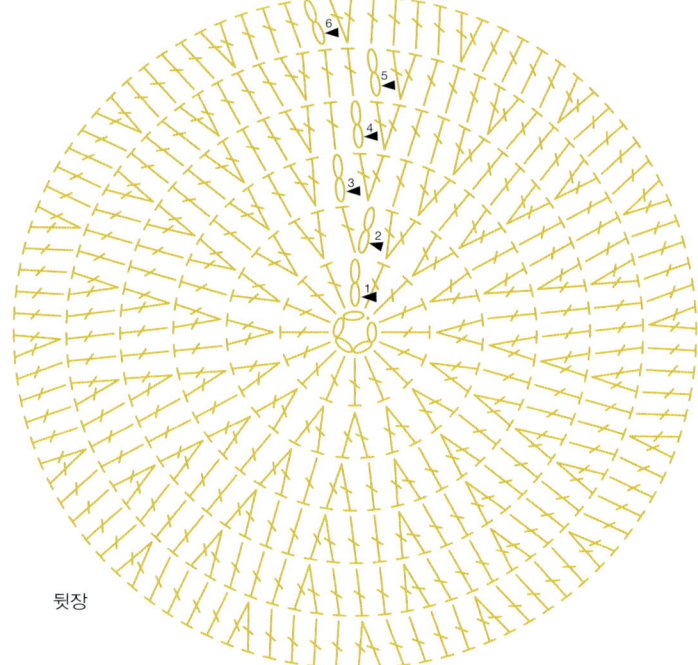

뒷장

뒷장 뜨기

시작(색상 B): 매직 링 또는 사슬뜨기 5개와 빼뜨기로 기초 링 만들기

1단: 링에 한길긴뜨기 16번 → 단 마무리

2단: 모든 코에 각각 한길긴뜨기 2번씩 → 단 마무리

3단: ★[한길긴뜨기 1번 → 다음 코에 한길긴뜨기 2번]→★을 16번 더 반복→ 단 마무리

4단: ★[2코에 각각 한길긴뜨기 1번씩 → 다음 코에 한길긴뜨기 2번] → ★을 16번 더 반복→ 단 마무리

5단: ★[3코에 각각 한길긴뜨기 1번씩 → 다음 코에 한길긴뜨기 2번] → ★을 16번 더 반복→ 단 마무리

6단: ★[4코에 각각 한길긴뜨기 1번씩 → 다음 코에 한길긴뜨기 2번] → ★을 16번 더 반복→ 단 마무리 → 실 끊고 정리하기

앞장과 뒷장 연결하기

뒷장의 겉과 앞장의 안이 마주하게(앞장의 겉이 보이도록) 놓고 다음과 같이 뜹니다.

7단: ★[짧은뜨기 1번 → 6-사슬 공간에 짧은뜨기 5번 → 다음 코에 짧은뜨기 1번 → 6-사슬 공간에 짧은뜨기 5번] → ★을 7번 더 반복→ 단 마무리 → 실 끊고 정리하기

Tip: 이 패드에 간단히 고리를 만들어 짧은뜨기로 고정하여 달면 팟홀더로도 이용할 수 있습니다.

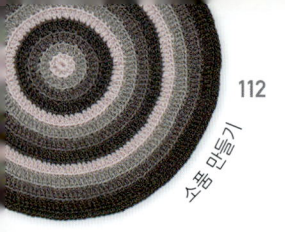

테이블 매트

바늘 4.5mm(7.5호)

실 아란실,
색상 A~C
45.75m,
색상 D 41m

이 테이블 매트는 46쪽 패턴을 이용하였습니다. 35개의 미니 만다라를 4가지 색상으로 만들었는데, 원한다면 더 많은 개수와 색상으로 떠도 됩니다.

4가지 색상의 총 35개의 모티프

색상 A: 9개,

색상 B: 9개,

색상 C: 9개,

색상 D: 8개

시작: 매직 링 또는 사슬뜨기 4개와 빼뜨기로 기초 링 만들기

1단: 링 안으로 바늘을 넣어 한길긴뜨기 12번 → 단 마무리

2단: 모든 코에 각각 머리 사슬의 뒤쪽 한 가닥 주워 한길긴뜨기 2번씩 → 단 마무리

뜨 나가며 연결하기

각 미니 만다라는 2개의 한길긴뜨기로 서로 연결됩니다. 이때 머리 사슬 뒤쪽 한 가닥만 주워뜨며, 하나의 만다라는 최대 4개의 만다라와 연결됩니다. 이 경우 마지막 단의 한길긴뜨기는 다음과 같은 패턴을 갖게 됩니다.

일반 한길긴뜨기 4번, 옆 미니 만다라와 연결되는(이하 '연결') 한길긴뜨기 2번, 일반 한길긴뜨기 4번, 연결 한길긴뜨기 2번, 일반 한길긴뜨기 4번, 연결 한길긴뜨기 2번, 일반 한길긴뜨기 4번, 연결 한길긴뜨기 2번

※ 간단하게 미니 만다라를 모두 뜬 다음 바늘로 꿰매 연결해주어도 됩니다.

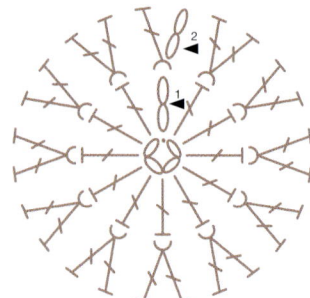

기호 설명

○ 사슬뜨기

• 빼뜨기

┼ 한길긴뜨기

⊥ 한길긴뜨기 머리 사슬 뒤쪽 한 가닥 주워 뜨기

▲ 단의 시작점

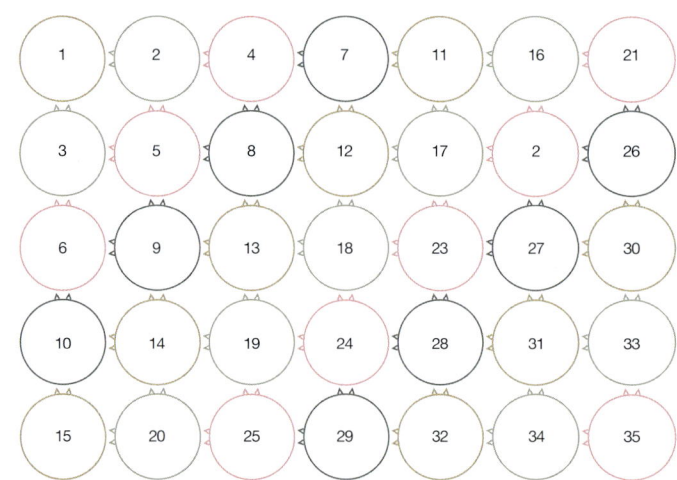

미니 만다라 배치도

1	2	4	7	11	16	21
3	5	8	12	17	2	26
6	9	13	18	23	27	30
10	14	19	24	28	31	33
15	20	25	29	32	34	35

113 테이블 매트

여름용 스카프

바늘 4mm(7호)

실 가는 실.
모티프당
색상 A 90m.
색상 B 1.8m.
색상 C 7m

52쪽 패턴을 기본으로 하여 만든 가볍고 시원한 여름 스카프입니다.

시작(색상 A): 매직 링 또는 사슬뜨기 4개와 빼뜨기로 기초 링 만들기

1단: 링 안에 바늘을 넣어 짧은뜨기 6번 → 단 마무리

2단: {빼뜨기, 사슬뜨기 3번}×6 → 단 마무리

3단(색상 B): {3-사슬 공간에 한길긴뜨기 3번, 사슬뜨기 3번}×6 → 단 마무리

4단(색상 C): ★[3-사슬 공간에 한길긴뜨기 3번 • 사슬뜨기 2번 • 한길긴뜨기 3번]→★을 5번 더 반복 → 단 마무리

5단: ★[4단의 한길긴뜨기 블록 사이 공간에 짧은뜨기 1번→2-사슬 공간에 한길긴뜨기 3번 • 사슬뜨기 3번 • 한길긴뜨기 3번]→★을 5번 더 반복 → 단 마무리

6단(색상 A): ★[3-사슬 공간에 짧은뜨기 1번, 사슬뜨기 5번 → 다음 3코 건너뛰기 → 다음 코에 짧은뜨기 1번, 사슬뜨기 5번 → 다음 3코 건너뛰기]→★을 5번 더 반복 → 단 마무리

7단: 사슬뜨기 1번 → ★[6단의 짧은뜨기 코에 짧은뜨기 1번, 사슬뜨기 7번 → 다음 코에 한길긴뜨기 1번, 사슬뜨기 7번]→★을 4번 더 반복 → 짧은뜨기 코에 짧은뜨기 1번 → 사슬뜨기 7번 → 다음 코에 한길긴뜨기 1번, 사슬뜨기 2번 → 처음 짧은뜨기 코에 세길긴뜨기 1번

8단: 사슬뜨기 1번, 7단의 세길긴뜨기 공간에 짧은뜨기 1번 → 사슬뜨기 7번 → ★[7-사슬 공간에 짧은뜨기 1번, 사슬뜨기 7번 → 다음 7-사슬 공간에 세길긴뜨기 1번 • 사슬뜨기 7번 • 세길긴뜨기 1번, 사슬뜨기 7번 → 다음 7-사슬 공간에 짧은뜨기 1번, 사슬뜨기 7번]→★을 3번 더 반복 → 단 마무리 → 실 끊고 정리하기

총 24개의 모티프를 만듭니다. 물론 더 길게 만들고 싶다면 더 많은 수의 모티프를 뜹니다.

모티프 연결하기

모티프끼리는 빼뜨기로 연결하되 연결되는 위치는 도안을 참조합니다. 주의할 점은 각 모티프들이 대칭으로 놓여야 한다는 점입니다.

기호 설명
○ 사슬뜨기
● 빼뜨기
+ 짧은뜨기
╪ 한길긴뜨기
▶ 단의 시작점

응용 뜨기(125쪽 참조)
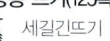 세길긴뜨기

115 여름용 스카프

소품 만들기

랩 블랭킷 숄

바늘 3mm(5호)

실 가는 실.
모티프당
색상 A 1.25m.
색상 B 2m.
색상 C 6.4m

68쪽 패턴을 기본으로 떴으며 3단은 약간의 변형을 가하였습니다. 사진에 보이는 완성물은 94개 모티프로 떴으며 검정색을 제외한 모든 색을 사용하였습니다. 다만, 3단에서는 모두 파스텔 톤의 색을 골라서 모티프들끼리 연결될 때 서로 조화를 이룰 수 있도록 하였습니다.

시작(색상 A): 매직 링 또는 사슬뜨기 5개와 빼뜨기로 기초 링 만들기

1단: {링 안으로 바늘을 넣어 한길긴뜨기 1번, 사슬뜨기 1번}×12 → 단 마무리

2단(색상 B): {1-사슬 공간에 한길긴뜨기 2코 구슬뜨기, 사슬뜨기 2번}×12 → 단 마무리

3단(색상 C): ★[2-사슬 공간에 팝콘 뜨기 1번 • 5-피코뜨기 1번, 사슬뜨기 4번] → ★을 11번 더 반복 → 단 마무리

모티프 연결하기

도안을 참고하여 연결 지점을 확인하고 각 모티프를 연결합니다. 모티프는 3단에서 피코뜨기를 할 때 자연스럽게 연결됩니다.

사슬뜨기 2번, 연결할 모티프의 5-사슬 공간에 사슬뜨기 1번, 사슬뜨기 2번, 팝콘 뜨기 코에 빼뜨기 1번(피코를 닫기 위해)

※ 모티프 1을 뜨고 나서 모티프 2의 3단 피코뜨기를 할 때 자연스럽게 모티프 1을 연결, 모티프 3을 뜰 때 모티프 2를 연결….

기호 설명

- ○ 사슬뜨기
- • 빼뜨기
- ┼ 한길긴뜨기
- ⋀ 한길긴뜨기 2코 구슬뜨기
- ◀ 단의 시작점

응용 뜨기(125쪽 참조)

- 팝콘 뜨기
- 5-피코뜨기

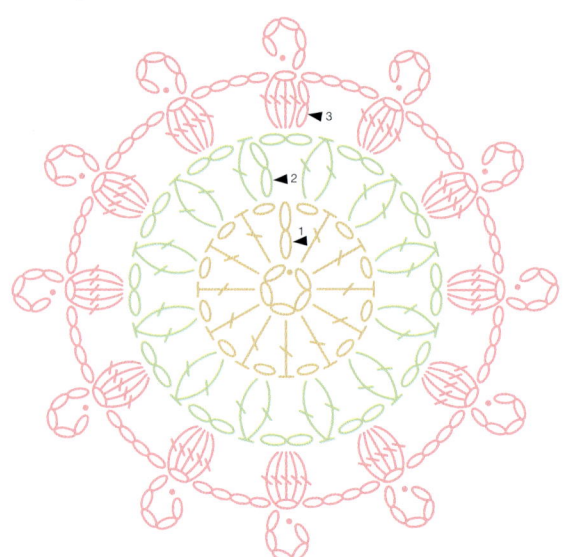

모티프 배치도

러그

바늘 10mm(점보)
실 티셔츠 얀,
  색상 A 480m,
  색상 B 20m,
  색상 C 70m,
  색상 D 120m

이 러그는 얀 실을 이용해 점보 10mm 바늘로 떴습니다.
패턴은 60쪽 만다라와 같으며 색상 조합만 달리하였습니다.

색상 A: 흰색

색상 B: 차콜 그레이

색상 C: 민트

색상 D: 밝은 회색

시작과 1~3단: 색상 A
4단: 색상 B
5~6단: 색상 A
7단: 색상 B
8~9단: 색상 A
10단: 색상 C
11~13단: 색상 A
14단: 색상 D
15단: 색상 A
16단: 색상 C
17단: 색상 A
18~19단: 색상 D
20~24단: 색상 A

여름용 이불

바늘 4mm(7호)
실 모티프당
  색상 실 77.75m,
  흰 실 18.25m

이것을 뜨기 위해서는 세 가지 패턴이 필요합니다. 즉, 78쪽에서 소개한 패턴과 이 패턴을 반 정도만 뜬 패턴 2가지가 필요합니다. 반 정도만 뜬 패턴은 사이드 부분을 마감하는 역할을 합니다. 완전한 모양의 모티프 38개, 반 모티프 A 12개, 반 모티프 B 8개와 테두리 뜨기로 구성되어 있는 매우 큰 프로젝트이지만, 뜨고 나면 어떤 것보다 보람 있을 것입니다.

기호 설명
- ○ 사슬뜨기
- • 빼뜨기
- † 한길긴뜨기
- ⋏ 한길긴뜨기 2코 모아뜨기
- ⋏ 한길긴뜨기 3코 모아뜨기
- + 짧은뜨기
- ◂ 단의 시작점

응용 뜨기
(125쪽 참조)
- ⊕ 3-피코뜨기
- ⊕ 5-피코뜨기

※ 지면의 한계상 지시문의 표현을 간략화하였습니다.

완전한 모티프 뜨기(38개)
1~11단: 78쪽 패턴 뜨기

반 모티프 A 뜨기(12개)
시작(색상 A): 매직 링 또는 사슬뜨기 4개와 빼뜨기로 기초 링 만들기

1단: 사슬뜨기 2(한길긴뜨기 하나로 간주), 사슬뜨기 1 → {링 안으로 바늘을 넣어 한길긴뜨기 1, 사슬뜨기 1}×5 → 링 안으로 바늘을 넣어 한길긴뜨기 1 → 편물 돌리기

2단: 사슬뜨기 2(=한길긴뜨기 1), 사슬뜨기 1 → {한길긴뜨기 2, 사슬뜨기 1}×5 → 한길긴뜨기 1 → 편물 돌리기

3단: 사슬뜨기 2(=한길긴뜨기 1), 같은 코에 한길긴뜨기 1 → {사슬뜨기 3 → 한길긴뜨기 2코 모아뜨기, 사슬뜨기 3 → 한길긴뜨기 1 → 한길긴뜨기 2}×2 → 사슬뜨기 3, 한길긴뜨기 2코 모아뜨기, 사슬뜨기 3 → 한길긴뜨기 2 → 편물 돌리기

4단: 사슬뜨기 2(=한길긴뜨기 1) → 한길긴뜨기 2, 사슬뜨기 3 → {한길긴뜨기 1, 사슬뜨기 3 → 한길긴뜨기 2 → 한길긴뜨기 1 → 한길긴뜨기 2, 사슬뜨기 3}×2 → 한길긴뜨기 1, 사슬뜨기 3 → 한길긴뜨기 2 → 한길긴뜨기 1 → 편물 돌리기

5단: 사슬뜨기 2(=한길긴뜨기 1) → 한길긴뜨기 1 → 한길긴뜨기 2, 사슬뜨기 3 → 한길긴뜨기 1, 사슬뜨기 3 → {한길긴뜨기 2 → 한길긴뜨기 1 → 한길긴뜨기 2 → 한길긴뜨기 1 → 한길긴뜨기 2, 사슬뜨기 3 → 한길긴뜨기 1, 사슬뜨기 3}×2 → 한길긴뜨기 2 → 다음 2코에 각각 한길긴뜨기 1씩 → 편물 돌리기

6단: 사슬뜨기 2(=한길긴뜨기 1) → 다음 3코에 각각 한길긴뜨기 1씩, 사슬뜨기 3 → ★[한길긴뜨기 1 · 사슬뜨기 3 → 한길긴뜨기 1, 사슬뜨기 3 → 다음 8코에 각각 한길긴뜨기 1씩, 사슬뜨기 3]→★을 1번 더 반복 → 한길긴뜨기 1 · 사슬뜨기 3 → 한길긴뜨기 1, 사슬뜨기 3 → 다음 4코에 각각 한길긴뜨기 1씩 → 편물 돌리기

7단: 사슬뜨기 2(=한길긴뜨기 1) → 한길긴뜨기 1 → 한길긴뜨기 2코 모아뜨기 → ★{사슬뜨기 3, 한길긴뜨기 1 → 3-사슬 공간에 한길긴뜨기 3 → 한길긴뜨기 1, 사슬뜨기 3 → 한길긴뜨기 2코 모아뜨기 → 다음 4코에 각각 한길긴뜨기 1씩 → 한길긴뜨기 2코 모아뜨기} → ★을 1번 더 반복, 사슬뜨기 3 → 한길긴뜨기 1 → 3-사슬 공간에 한길긴뜨기 3 → 한길긴뜨기 1, 사슬뜨기 3 → 한길긴뜨기 2코 모아뜨기 → 다음 2코에 각각 한길긴뜨기 1씩 → 편물 돌리기

8단: 사슬뜨기 2(=한길긴뜨기 1) → 한길긴뜨기 2코 모아뜨기, 사슬뜨기 5 → ❶ {한길긴뜨기 2 → 한길긴뜨기 1}×2 → 한길긴뜨기 2, 사슬뜨기 5 → 한길긴뜨기 2코 모아뜨기 ❷ → 다음 2코에 각각 한길긴뜨기 1씩 → 한길긴뜨기 2코 모아뜨기, 사슬뜨기 5 ❸ → ❶~❸ 반복 → ❶~❷ 반복 → 마지막 코에 한길긴뜨기 1 → 편물 돌리기

9단: 스탠딩 한길긴뜨기 2코 모아뜨기, 사슬뜨기 5 → 5-사슬 공간에 짧은뜨기 1, ❶ 사슬뜨기 5 → {한길긴뜨기 2코 모아뜨기 → 한길긴뜨기 1}×2 → 한길긴뜨기 2코 모아뜨기, 사슬뜨기 5 → 5-사슬 공간에 짧은뜨기 1, 사슬뜨기 5 ❷ → {한길긴뜨기 2코 모아뜨기}×2, 사슬뜨기 5 → 5-사슬 공간에 짧은뜨기 1 ❸ → ❶~❸ 반복 → ❶~❷ 반복 → 한길긴뜨기 2코 모아뜨기 → 편물 돌리기

10단: 사슬뜨기 2(=한길긴뜨기 1), 사슬뜨기 5 → 5-사슬 공간에 짧은뜨기 1, 사슬뜨기 5 → 5-사슬 공간에 짧은뜨기 1, ❶ 사슬뜨기 5 → 한길긴뜨기 2코 모아뜨기 → 한길긴뜨기 1 → 한길긴뜨기 2코 모아뜨기, {사슬뜨기 5 → 5-사슬 공간에 짧은뜨기 1}×2 ❷, 사슬뜨기 5 → 한길긴뜨기 2코 모아뜨기 → {사슬뜨기 5, 5-사슬 공간에 짧은뜨기 1}×2 ❸ → ❶~❸ 반복 → ❶~❷ 반복, 사슬뜨기 5 → 한길긴뜨기 1 → 편물 돌리기

11단: {사슬뜨기 5 → 5-사슬 공간에 짧은뜨기 1}×3, 사슬뜨기 5 → 한길긴뜨기 3코 모아뜨기, {사슬뜨기 5 → 5-사슬 공간에 짧은뜨기 1}×6, 사슬뜨기 5 → 한길긴뜨기 3코 모아뜨기, {사슬뜨기 5 → 5-사슬 공간에 짧은뜨기 1}×6, 사슬뜨기 5 → 한길긴뜨기 3코 모아뜨기, {사슬뜨기 5 → 5-사슬 공간에 짧은뜨기 1}×3 → 한길긴뜨기 1 → 실 끊고 정리하기

반 모티프 B 뜨기(8개)

시작: 매직 링/사슬뜨기 4개로 기초 링 만들기

1단: 사슬뜨기 2(=한길긴뜨기 1), 사슬뜨기 1 → {링 안에 바늘을 넣어 한길긴뜨기 1, 사슬뜨기 1}×5 → 링에 한길긴뜨기 1 → 편물 돌리기

2단: 사슬뜨기 2(=한길긴뜨기 1), 사슬뜨기 1 → {한길긴뜨기 2, 사슬뜨기 1}×5 → 한길긴뜨기 1 → 편물 돌리기

3단: 사슬뜨기 2(=한길긴뜨기 1), 사슬뜨기 3 → {한길긴뜨기 1 → 한길긴뜨기 2, 사슬뜨기 3 → 한길긴뜨기 2코 모아뜨기, 사슬뜨기 3}×2 → 한길긴뜨기 1 → 한길긴뜨기 2, 사슬뜨기 3 → 한길긴뜨기 1 → 편물 돌리기

4단: 사슬뜨기 2(=한길긴뜨기 1), 사슬뜨기 3 → ❶ 한길긴뜨기 2 → 한길긴뜨기 1 → 한길긴뜨기 2, 사슬뜨기 3 → 한길긴뜨기 1 ❷, 사슬뜨기 3 ❸ → ❶~❸ 반복 → ❶~❷ 반복 → 편물 돌리기

5단: 사슬뜨기 2(=한길긴뜨기 1), 사슬뜨기 3 → ❶ {한길긴뜨기 2 → 한길긴뜨기 1}×2 한길긴뜨기 2, 사슬뜨기 3 → 한길긴뜨기 1, 사슬뜨기 3 ❷ → ❶~❷ 반복 → {한길긴뜨기 2 → 한길긴뜨기 1}×2 → 한길긴뜨기 2, 사슬뜨기 3 → 한길긴뜨기 1 → 편물 돌리기

6단: 사슬뜨기 2(=한길긴뜨기 1), 사슬뜨기 1, 같은 코에 한길긴뜨기 1, ❶ 사슬뜨기 3 → 8코에 각각 한길긴뜨기 1씩, 사슬뜨기 3 ❷ → 한길긴뜨기 1 · 사슬뜨기 3 · 한길긴뜨기 1 ❸ → ❶~❸ 반복 → ❶~❷ 반복 → 한길긴뜨기 1 · 사슬뜨기 1 · 한길긴뜨기 1 → 편물 돌리기

7단: 사슬뜨기 2(=한길긴뜨기 1), 1-사슬 공간에 한길긴뜨기 1 → 한길긴뜨기 1, ❶ 사슬뜨기 3 → 한길긴뜨기 2코 모아뜨기 → 4코에 각각 한길긴뜨기 1씩 → 한길긴뜨기 2코 모아뜨기, 사슬뜨기 3 → 한길긴뜨기 1 ❷ → 3-사슬 공간에 한길긴뜨기 3 → 한길긴뜨기 1 ❸ → ❶~❸ 반복 → ❶~❷ 반복 → 1-사슬 공간에 한길긴뜨기 1 → 한길긴뜨기 1 → 편물 돌리기

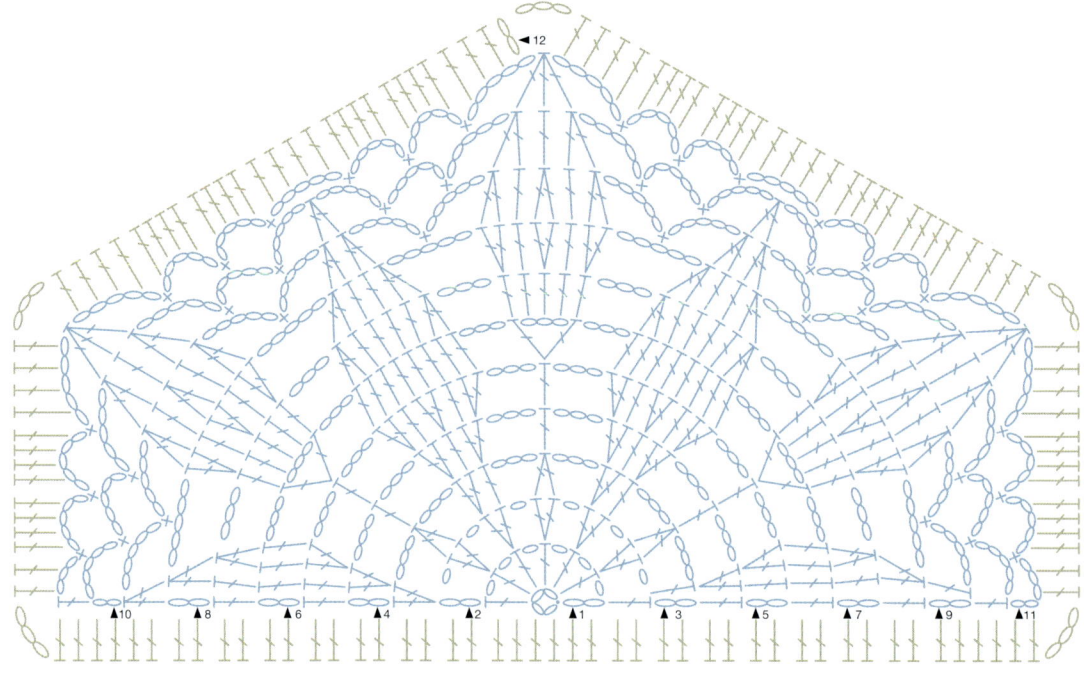

반 모티프 A

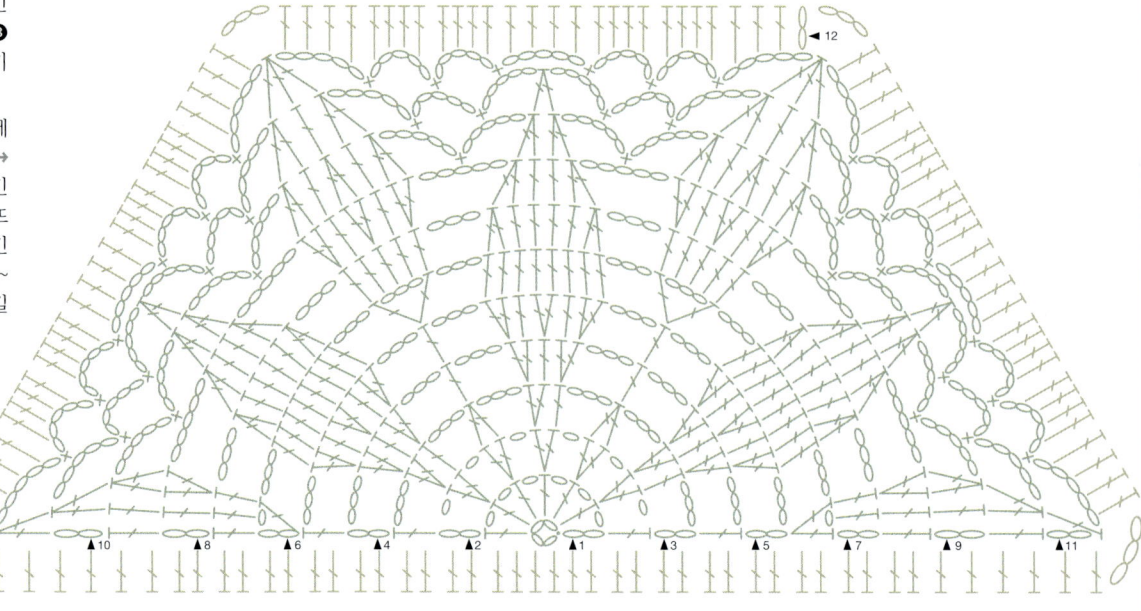

반 모티프 B

8단: 사슬뜨기 2(=한길긴뜨기 1) → 한길긴뜨기 1 → 한길긴뜨기 2, ❶ 사슬뜨기 5 → 한길긴뜨기 2코 모아뜨기 → 2코에 각각 한길긴뜨기 1씩 → 한길긴뜨기 2코 모아뜨기, 사슬뜨기 5 ❷ → {한길긴뜨기 2 → 한길긴뜨기 1}×2, 한길긴뜨기 2 ❸ → ❶~❸ 반복 → ❶~❷ 반복 → 한길긴뜨기 2 → 2코에 각각 한길긴뜨기 1씩 → 편물 돌리기

9단: 사슬뜨기 2(=한길긴뜨기 1) → 한길긴뜨기 1 → 한길긴뜨기 2코 모아뜨기, 사슬뜨기 5 → 5-사슬 공간에 짧은뜨기 1, ❶ 사슬뜨기 5 → {한길긴뜨기 2코 모아뜨기}×2, 사슬뜨기 5 → 5-사슬 공간에 짧은뜨기 1, 사슬뜨기 5 ❷ → {한길긴뜨기 2코 모아뜨기 → 한길긴뜨기 1}×2 → 한길긴뜨기 2코 모아뜨기, 사슬뜨기 5 → 5-사슬 공간에 짧은뜨기 1 ❸ → ❶~❸ 반복 → ❶~❷ 반복 → 한길긴뜨기 2코 모아뜨기 → 2코에 각각 한길긴뜨기 1씩 → 편물 돌리기

10단: 사슬뜨기 2(=한길긴뜨기 1) → 한길긴뜨기 2코 모아뜨기, {사슬뜨기 5 → 5-사슬 공간에 짧은뜨기 1}×2, ❶ 사슬뜨기 5 → 한길긴뜨기 2코 모아뜨기, {사슬뜨기 5 → 5-사슬 공간에 짧은뜨기 1}×2, 사슬뜨기 5 ❷ → 한길긴뜨기 2코 모아뜨기 → 한길긴뜨기 1 → 한길긴뜨기 2코 모아뜨기, {사슬뜨기 5 → 5-사슬 공간에 짧은뜨기 1}×2 ❸ → ❶~❸ 반복 → ❶~❷ 반복 → 한길긴뜨기 2코 모아뜨기 → 한길긴뜨기 1 → 편물 돌리기

11단: 스탠딩 한길긴뜨기 2코 모아뜨기, {사슬뜨기 5 → 5-사슬 공간에 짧은뜨기 1}×6, 사슬뜨기 5 → 한길긴뜨기 3코 모아뜨기, {사슬뜨기 5 → 5-사슬 공간에 짧은뜨기 1}×6, 사슬뜨기 5 → 한길긴뜨기 3코 모아뜨기, {사슬뜨기 5 → 5-사슬 공간에 짧은뜨기 1}×6, 사슬뜨기 5 → 한길긴뜨기 2코 모아뜨기 → 실 끊고 정리

12단 뜨기와 모티프 연결

모든 모티프들은 12단을 뜨면서 연결됩니다. 연결되는 지점은 도안을 참조합니다.

완전한 모티프 12단: {11단의 7개 5-사슬 공간 각각에 한길긴뜨기 4, 사슬뜨기 3}×6(한길긴뜨기 3코 모아뜨기 이후 첫 번째 5-사슬 공간부터 시작) → 단 마무리

반 모티프 12단: 각 진 부분의 3면은 완전한 모티프 12단 뜨기와 같이 뜨고, 나머지 아래쪽 긴 1면은 다음과 같이 뜹니다.

한길긴뜨기 코에서 한길긴뜨기 2씩 뜨되, 중앙(매직 링이나 사슬뜨기로 만든 링 안)에는 2씩 추가하여 총 4개의 한길긴뜨기를 뜹니다. ; 총 46개의 한길긴뜨기

모티프와 모티프가 맞닿는 직선 구간은 한길긴뜨기 4개 블록 사이에 빼뜨기를 떠서 연결하고, 사슬뜨기 3개로 이루어진 모서리 부분은 사슬뜨기 하나를 빼뜨기로 떠서 연결합니다. 그렇게 되면 모티프 3개가 만나는 모서리 부분에서는 사슬뜨기 3개 중 2개가 빼뜨기로 되고, 모티프 2개가 만나는 모서리 부분에서는 사슬뜨기 1개가 빼뜨기 됩니다.

테두리 뜨기

테두리 뜨기는 103쪽에서 소개한 테두리 2 유형을 기본으로 이 예제에 맞게 모서리 쪽에 변화를 주었습니다.

1단: 연결된 모티프의 끝 쪽을 직선으로 만드는 역할을 합니다. 편물 상태에 따라 바늘을 더 가늘거나 굵은 것으로 교체하여 편물이 울거나 오그라들지 않도록 조치를 취하면서 뜹니다.

모든 코에 각각 한길긴뜨기 1씩 뜨다가 2-사슬 공간(모티프가 만나는 곳) 각각에 한길긴뜨기 1씩, 3-사슬 공간(4개의 모서리)에 한길긴뜨기 3씩 뜹니다.

2단: 모든 한길긴뜨기 코에 한길긴뜨기 1씩 뜨되, 모서리 중앙의 한길긴뜨기 코에는 한길긴뜨기 3을 뜹니다.

3단: 2단을 반복하여 뜹니다. 테두리를 더 크게 만들기를 원한다면 이 단을 여러 번 반복하여 뜹니다.

4단:

· 직선 구간

짧은뜨기 1 → 다음 2코 건너뛰기 → 다음 코에 한길긴뜨기 1·3-피코뜨기 1·사슬뜨기 1·5-피코뜨기 1·사슬뜨기 1·한길긴뜨기 1·3-피코뜨기 1·사슬뜨기 1·한길긴뜨기 1 → 다음 2코 건너뛰기

· 모서리(코너) 부분

짧은뜨기 1 → 다음 2코 건너뛰기 → 모서리 중앙 코에 {한길긴뜨기 1·3-피코뜨기 1·사슬뜨기 1}×2·한길긴뜨기 1·5-피코뜨기 1·사슬뜨기 1·{한길긴뜨기 1·3-피코뜨기 1·사슬뜨기 1}×2·한길긴뜨기 1 → 다음 2코 건너뛰기

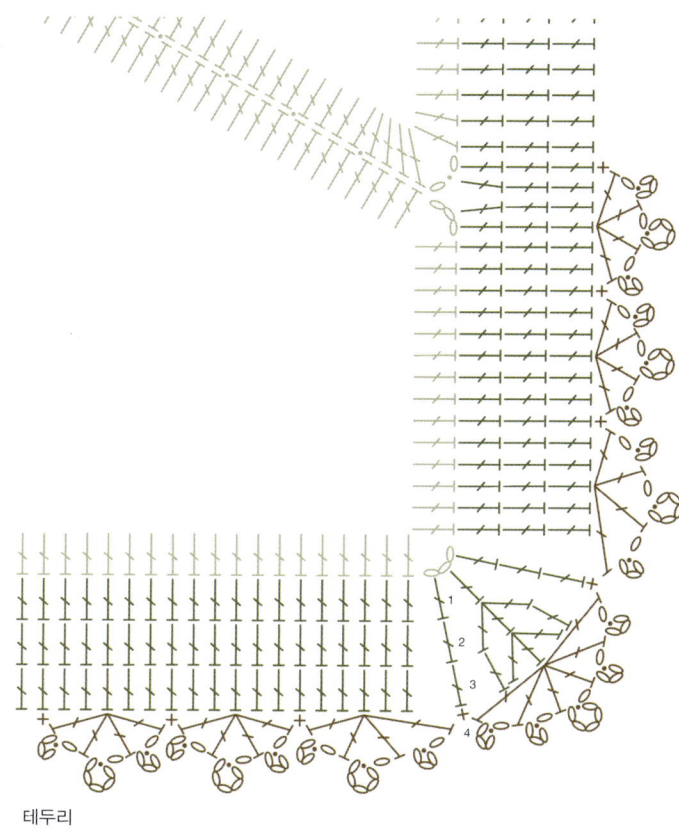

테두리

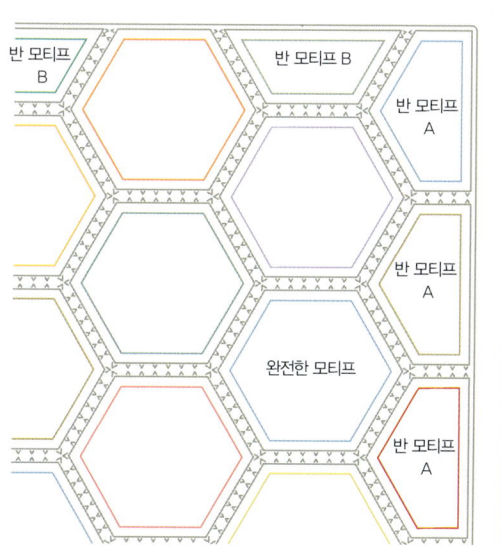

모티프 배치도

도안에 사용된 기호와 응용 뜨개법

코바늘뜨기에 있어 뜨개법이나 이름은 정해진 표준이나 정확하게 약속된 명칭이 따로 없습니다. 따라서 사용자마다, 책마다 사용하는 기호와 뜨개법의 이름이 조금씩 다를 수 있으니 이곳에서 소개하는 뜨개법과 기호 등은 이 책에 있는 작품을 뜰 때에 한정하여 참고하시기 바랍니다.

이 책에서는 도안뿐 아니라 단계별 따라 하기를 글로 설명하여 혼돈을 줄이고자 노력하였습니다. 도안만으로 이해가 어려운 부분은 글로 된 지시문을 참고하여 더 정확하고 완성도 있는 작품을 만들 수 있습니다.

이 책에서 사용된 기본 스티치들의 기호와 이름은 다음과 같습니다. 이 스티치들의 뜨는 방법은 20~24쪽에 자세히 설명되어 있으니 참고하시기 바랍니다.

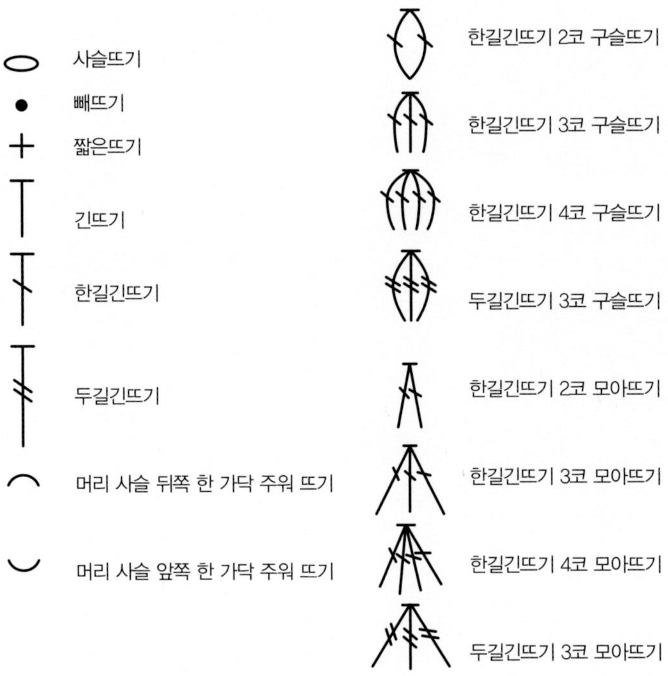

- ○ 사슬뜨기
- ● 빼뜨기
- ＋ 짧은뜨기
- T 긴뜨기
- ⊺ 한길긴뜨기
- ⊺ 두길긴뜨기
- ⌒ 머리 사슬 뒤쪽 한 가닥 주워 뜨기
- ⌣ 머리 사슬 앞쪽 한 가닥 주워 뜨기

- 한길긴뜨기 2코 구슬뜨기
- 한길긴뜨기 3코 구슬뜨기
- 한길긴뜨기 4코 구슬뜨기
- 두길긴뜨기 3코 구슬뜨기
- 한길긴뜨기 2코 모아뜨기
- 한길긴뜨기 3코 모아뜨기
- 한길긴뜨기 4코 모아뜨기
- 두길긴뜨기 3코 모아뜨기

이 책에서 사용된 용어

이 책에서 설명의 편의를 돕기 위해 사용한 용어를 간단히 정리해 보여드립니다.

- **사슬 공간**: 앞단의 사슬뜨기로 인해 생긴 공간을 말합니다.
  ㉠ 앞단의 사슬뜨기 1개로 생긴 공간: 1–사슬 공간, 사슬뜨기 2개로 생긴 공간: 2–사슬 공간….
- **셸**: 한 공간에 여러 번 뜨기를 하면 부채꼴 모양의 패턴이 생기는 데 이것을 '셸'이라고 부릅니다. 보통 해당 셸에서 몇 번째 코에 해당하는지 지시할 때 사용됩니다.
- **블록**: 한 공간에 여러 스티치를 함께 뜨기를 반복하면 하나의 뭉치들이 반복되는 것처럼 보이는 데 이것을 '블록'이라고 하였으며, 대개 블록과 블록 사이 혹은 블록에서 몇 번째 코에서 뜨는지를 지시할 때 사용됩니다.

응용 뜨개법

20~24쪽에서 소개한 기초 뜨개법 외에 다소 복잡하거나 이전에 떠보지 못했던 새로운 뜨개법을 소개합니다. 본문 예제의 도안 옆에 '응용 뜨기'라고 표기된 부분에 해당하는 설명입니다.

 세길긴뜨기: 바늘에 실을 세 번 감고 코에 바늘을 넣은 다음 다시 한 번 더 실을 감아서 뺍니다. 바늘 위에는 고리 5개가 남게 되는데 바늘에 실을 감아 먼저 고리 2개를 뺍니다. 이것을 총 4번 반복하여 고리를 모두 빼냅니다.

 되돌려 짧은뜨기: 왼쪽에서 오른쪽 방향으로 뜹니다. 마지막 코를 뜨고 난 후 오른쪽 코에 바늘을 넣은 후 실을 감아 뺍니다. 실을 한 번 더 감아 바늘에 걸려 있는 고리 2개를 빼냅니다. 그 다음 오른쪽 코에 바늘을 넣고 같은 방법으로 끝까지 떠 나갑니다.

 팝콘 뜨기(한길긴뜨기 5코 팝콘 뜨기): 한 코에 한길긴뜨기를 5번 하면 바늘에 고리가 하나 걸려있게 됩니다. 이 고리는 남겨둔 채 바늘을 뺐다가 첫 번째 한길긴뜨기의 머리 사슬에 바늘을 넣고 아까 남겨두었던 고리를 주워 빼뜨기 하듯이 걸어 빼줍니다. 그리고 사슬뜨기를 1번 합니다.

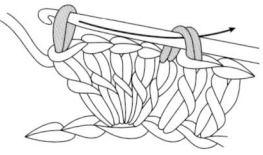

 3-피코뜨기: 사슬뜨기를 3번 한 후 처음 사슬에 빼뜨기 1번

 4-피코뜨기: 사슬뜨기를 4번 한 후 처음 사슬에 빼뜨기 1번

 5-피코뜨기: 사슬뜨기를 5번 한 후 처음 사슬에 빼뜨기 1번

 퍼프 스티치: 바늘에 실을 감고 코에 바늘을 넣은 다음 다시 한 번 바늘에 실을 감아서 뺍니다. 같은 코에 이것을 2번 더 반복하면 바늘에 총 7개의 고리가 걸려있게 됩니다. 바늘에 실을 감아 한 번에 모두 빼냅니다.

 긴뜨기 앞걸어뜨기: 뜨개법은 긴뜨기와 동일하되 머리 사슬 아래에 바늘을 넣는 것이 아니라 기둥에 바늘을 넣어 뜨는 방법입니다. 바늘에 실을 감고 기둥을 앞쪽에서 뒤쪽으로 주워 실을 감아 빼고, 바늘에 다시 한 번 실을 감아 바늘에 걸린 고리를 모두 빼냅니다. (한길긴뜨기 앞걸어뜨기 22쪽 그림 참조)

 두길긴뜨기 앞걸어뜨기: 바늘에 두 번 실을 감고 기둥을 앞쪽에서 뒤쪽으로 주워 실을 감아 빼고, 바늘에 다시 한 번 실을 감아 바늘에 걸린 고리 2개를 빼냅니다. 또 한 번 바늘에 실을 감아 고리 2개를 빼내고, 다시 한 번 바늘에 실을 감아 바늘에 남아 있는 고리를 모두 빼냅니다.

 네길긴뜨기 앞걸어뜨기: 바늘에 실을 네 번 감고 기둥을 앞쪽에서 뒤쪽으로 주워 실을 감아 뺍니다. 바늘에 실을 감아 바늘에 걸린 고리 2개 빼기를 총 5번 반복합니다.

여섯길긴뜨기 앞걸어뜨기: 바늘에 실을 여섯 번 감고 기둥을 앞쪽에서 뒤쪽으로 주워 실을 감아 뺍니다. 바늘에 실을 감아 바늘에 걸린 고리 2개 빼기를 총 7번 반복합니다.

긴뜨기 뒤걸어뜨기: 뜨개법은 긴뜨기와 동일하되 머리 사슬 아래에 바늘을 넣는 것이 아니라 기둥에 바늘을 넣어 뜨는 방법입니다. 바늘에 실을 감고 기둥을 뒤쪽에서 앞쪽으로 주워 실을 감아 빼고, 바늘에 다시 한 번 실을 감아 바늘에 걸린 고리를 모두 빼냅니다. (한길긴뜨기 뒤걸어뜨기 22쪽 그림 참조)

 더블 루프 스티치: 왼쪽 검지에 실을 두 번 감아 걸고 다음 코에 바늘을 넣고 바늘을 바깥쪽으로 돌려 실을 감으면서 손가락에 걸려 있는 고리 3개를 걸어 뺍니다. 실이 감겨 있는 왼손 검지를 뺀 다음 바늘 위에 걸려 있는 고리 4개를 실을 한 번 더 감아 모두 빼냅니다. 한 코에 더블 루프 스티치를 두 번 할 경우 도안에는 'V' 표시가 추가됩니다.

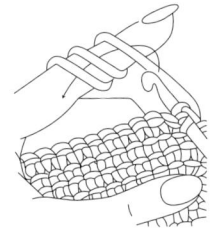

 한길긴뜨기 앞걸어뜨기 2코 구슬뜨기: 한길긴뜨기 앞걸어뜨기를 구슬뜨기 형태로 뜹니다. 즉, 한길긴뜨기 앞걸어뜨기를 1번 하되 실을 감아 고리 2개만 빼내고, 같은 기둥을 주워 한 번 더 한길긴뜨기 앞걸어뜨기를 하되. 한 번 감아 고리 2개만, 다시 한 번 실을 감아 나머지 고리를 모두 빼냅니다. (구슬뜨기 뜨는 법은 24쪽 참조)

찾아보기

숫자

3-피코뜨기	125
4-피코뜨기	125
5-피코뜨기	125

ㄱ

구슬뜨기	24
기분 좋은 도일리 만다라	100
긴뜨기 앞걸어뜨기	125
긴뜨기 뒤걸어뜨기	125
긴뜨기	21
꽃밭에서	84
꽃으로 마음을 전하세요!	82
꽃잎 레이스 만다라	78

ㄴ

네길긴뜨기 앞걸어뜨기	125

ㄷ

다양한 테두리 뜨기	102
다이내믹 레이스 만다라	88
단 마무리 지점 자국 남기지 않기	18
단 마무리하기	24
단 시작점 자국 남기지 않기	18
단을 어디서 시작할 것인가	17
단을 어떻게 마무리할 것인가	17
단의 시작은 어떻게 할 것인가	16
더블 루프 만다라	86
더블 루프 스티치	125
돗바늘로 마무리하기	25
되돌려 짧은뜨기	125
두길긴뜨기 앞걸어뜨기	125
두길긴뜨기	22
딸기 꽃 만다라	80

ㄹ

라자스탄 만다라	52
랩 블랭킷 숄	116
러그	118
레트로 만다라	50

ㅁ

바스켓 위브 만다라	64
매 단마다 콧수 늘리기	19
매직 링	20
머리 사슬 뒤쪽 한 가닥 주워 뜨기	24
머리 사슬 앞쪽 한 가닥 주워 뜨기	24
모아뜨기	24
모양 잡기	19
물결치는 만다라	40
미니 모티프로 만드는 만다라	90

ㅂ

별이 빛나는 만다라	56
보헤미안 가방	108
빙글빙글 만다라	42
빼뜨기	21
빼뜨기로 마무리하기	24

ㅅ

사랑스러운 레이스 만다라	58
사슬 공간에 뜨기	24
사슬뜨기	20
색상 조합	14
색상 조합의 예	14
세길긴뜨기	125
세길긴뜨기 앞걸어뜨기	125
스탠딩 스티치	23
시작코 만들기	20
실 끊기	25
실 정리하기	25
실	12

실험적인 색상 조합	14	테두리 유형 1	103	할머니의 모티프	44
		테두리 유형 2	103	핫 패드	110

ㅇ

아이스크림 만다라	54	테두리 유형 3	104
아프리칸 플라워 만다라	74	테두리 유형 4	104
앙증맞은 데이지	70	테두리 유형 5	105
앞/뒤걸어뜨기	22	테이블 매트	112
어떻게 시작할 것인가	16	튤립 만다라	72
여름용 담요	120		
여름용 스카프	114	**ㅍ**	
여섯길긴뜨기 앞걸어뜨기	125	팝콘 뜨기	125
예쁜 패턴 총집합!	60	팝콘 뜨기의 진수	92
오리엔탈 릴리 만다라	76	팝콘이 팡팡	68
왕관 모양 만다라	38	퍼프 스티치	125
		평평한 편물 유지하기	19
		피자 모양 만다라	48

ㅈ

작지만 아름다운 만다라	98	**ㅎ**	
잔잔하게 퍼지는 물결	46	한 코에 여러 번 뜨기	24
조개 모양 만다라	66	한길긴뜨기 뒤걸어뜨기	22
짧은뜨기 스탠딩 스티치	23	한길긴뜨기 스탠딩 스티치	23
짧은뜨기	21	한길긴뜨기 스탠딩 스티치의 변형	23
		한길긴뜨기 앞걸어뜨기 2코 구슬뜨기	125
ㅌ		한길긴뜨기 앞걸어뜨기	22
태피스트리 크로셰 만다라	94	한길긴뜨기	21

AUTHOR ACKNOWLEDGEMENTS

이 책을 출판할 수 있게 도와주신 모든 출판 관계자분들께 감사의 말씀을 드립니다. 아주 디테일한 부분까지 살피고 조언을 아끼지 않았기에 더 완성도 높은 책이 되었다고 생각합니다.
더불어 이 책의 모든 따라 하기 이미지와 뜨는 법, 도안에 대한 저작권은 보호되고 있음을 알립니다.

www.dmccreative.co.uk

이 책의 많은 예제와 여름용 스카프를 뜨는 데 실을 제공해주신 DMC CREATIVE에 감사드립니다.

info@scaapi.nl

여름용 담요를 뜨는 데 hand-dyed Vinnis Nikkim yarn을 제공해주신 SCAAPI에 감사드립니다.

이 책의 예제를 뜨는 데 사용한 실은 다음과 같습니다.

DMC Natura Just Cotton
N02 Ivory, N03 Sable, N04 Ambar, N05 Bleu Layette, N06 Rose Layette, N07 Spring Rose, N09 Gris Argent, N10 Aswan, N12 Light Green, N18 Coral, N19 Topaze, N29 Lazuite, N35 Nacar, N44 Agatha, N47 Safran,
N48 Chartreuse, N49 Turquoise, N50 Parme, N51 Erica, N52 Geranium, N56 Azur, N64 Prussian, N79 Tilleul, N78 Lin, N82 Lobelia, N85 Giroflée, N87 Glacier.

Vinnis Nikkim Hand-dyed 100% Cotton
Natural-500, Camel-504, Pale Blue-Green-518,
Pale Sage-519, Pink-521, Ballet Pink-522,
Purple Pink-525, Avocado-530, Baby Blue-534, Sunshine-535,
Baby Yellow-536, Stone-541,
Dunes-545, Mint-554, Peach-558, Turquoise-564,
Pale Khaki-570, Tomato-575, Blue-Grey-577,
Sand-578, Burnt-Orange-581, Pale Lilac-587, Kingfisher-591